Ilka Scheidgen

Der Weg – Ein Weg – Unser Weg

Gesammelte Gedichte

Wenn man unter Ewigkeit nicht unendliche Zeitdauer,
sondern Unzeitlichkeit versteht, dann lebt der ewig,
der in der Gegenwart lebt.

Ludwig Wittgenstein

Ilka Scheidgen

Der Weg – Ein Weg – Unser Weg

Gesammelte Gedichte

Bibliografische Information der Deutschen Nationalbibliothek: Die Deutsche Nationalbibliothek verzeichnet diese Publikation in der Deutschen Nationalbibliografie; detaillierte bibliografische Daten sind im Internet über http://dnb.dnb.de abrufbar.

Verlag: BoD · Books on Demand GmbH, In de Tarpen 42, 22848 Norderstedt, bod@bod.de

Druck: Libri Plureos GmbH, Friedensallee 273, 22763 Hamburg

ISBN: 978-3-7693-2421-1

Editorische Notiz:

In diesem Band mit Gesammelten Gedichten sind alle Gedichte von Ilka Scheidgen in der Reihenfolge ihrer Erscheinung und mit den jeweiligen Buchtiteln enthalten. In dem Kapitel „Der Hoffnung Wege bauen" sind neue Gedichte aus den Bild-Gedicht-Bänden vereint sowie aus dem Gedichtband „Zu wissen dort drüben ist Land".

Ilka Scheidgen vermag in ihren Gedichten einen Weg zu weisen in einer Zeit, in der das Gefühl der Sinnlosigkeit und Ausweglosigkeit sich ausbreitet, indem sie keine Lösung anbietet, sondern einfach Aussagen selbstverständlich bestehen lässt: „ Wie das ist, wenn…" und damit den Raum öffnet für das Unerwartete.

Dieser Text zu ihrem ersten Gedichtband „Wenn ein immerwährender Regen auf das Land fällt" (1981) gilt nach zehn Gedichtbänden unverändert auch für diese erstmalige Sammlung aller Gedichte.
„Ihre Lyrik beschränkt sich auf eine knappe, fast minimalistische Sprache und erzeugt damit eine Intensität, der man sich nicht entziehen kann" urteilte die Jury zur Verleihung des Kulturpreises 2002 des Kreises Euskirchen.

„Sie sind eine Meisterin der lyrischen Miniatur: lauter kleine gestochene Wahrnehmungen, die dann zielsicher in die Tiefe führen. Es sind auch markante Beispiele, wie man im methodisch eng gehaltenen Rahmen noch Moral wahren kann. Fast möchte ich sagen: leuchten lassen." – Peter Rühmkorf

Wenn ein immerwährender Regen auf das Land fällt

Mein Fuß streichelt

weich seichten Sand

spielt mit den Muscheln

leeren Gehäusen

ich hab kein Haus

brauch keines — nur Leben

verstehendes Leben

friedene runde Tage

Gewähren lassen

Leben

Die Augen schließen
sandvollen Wind
die Haare streifen
lassen
blütenschwere Luft
atmen

Schauen
auf diese Weite
sich stets verändernde
immer gleiche
sich forttragen lassen
irgendwohin

Immer möchte ich

aufbrechen zu fernen Küsten

in unermessliche Weiten

anhalten, verweilen

in mich schauen

dann mit

veränderter Blickrichtung

zurückkehren

Menschen, Menschen

Gesichter

um Ecken kommend

getrieben

wie Sandkörner

Dünenberge

auf Gratwanderung

sich wirbelnd

vom Wind zerstoben

überall nirgendshin

Aufgeblasenheit

sitzt lässig in

weißledernem

Fauteuil

schnippt Asche auf

bestofften Boden

Samtschwarz und Alu

geben den passenden

Rahmen

für exquisite Geschäfte

an blauen Küsten

goldsonnenschimmernde

Rendite.

Plötzlich
war er nur noch Sandkorn
leere Muschel
schwarzer Kiesel
wer soll ihn finden?

Zu laufen beginnen
rollen, wehen, wirbeln
zwischen immer gleicher
aufsprühender Gischt
auskräuselnder Welle
endlosen Reihen
blau grün rot

Ein Gesicht sucht er
dieses eine
das er kennt vom Beginn

Suchen, laufen, wehen
gegen den Wind
der ihm Wüste ins Gesicht bläst
er findet nur blaue Leere

Dort
treibt weißmasten
am Horizont seine Welt.

Charakterisierung

Intelligent und nett:
zwei Sandkörner aus
der Wüste unter das
Mikroskop gelegt
zwischen Fingern
gerieben als sandig
befunden was
mehr

Schulfunk

Scheinprobleme erdacht

die Lösung ist immer parat

das echt Menschliche

Kinder plappern so echt

in erfundenen Situationen

Belehrungen folgen auf dem Fuß

Stimme des klugen Onkels

stellt Scheinfragen

Na, was meint Ihr? Hat

sich Peter richtig verhalten?

Schulisches Steriles wird warm

zum Miterleben

Mitdenken soll folgen

Vorbereitung aufs Leben

In heilen Scheinfamilien

agieren psychische Neutra

Vater ist immer freundlich

in solcher Umgebung

lassen sich Traumberufe aussuchen

und kleine Probleme nebenbei

meistern auch in Englisch

Und die Zwischenmusik —

Echt Erlogenes mitten aus

dem Leben gegriffen

und alles so nett arrangiert

und alles dies

für die unausgelastete

Hausfrau

Künstler

Entweder der Clevere
auf Modewellen reitend
wie auf Rassepferden
Höfling von Galeristen
die ihn herumreichen
wie erlesenen Wein

Oder Protegé von Parteien
er ist sozial integriert
Mäzene sind selten geworden
Gefundenes wird zur Masche
fixiert für den Aha-Effekt
beim Publikum: das ist der und der.

Oder der Resignierte, der
seine Werke verbrennt oder
hinter den Ofen stellt
für eine nicht vorhandene Nachwelt
Oder der Zufriedene, er
malt sein Treppenhaus aus
mit stimmigen Farben.

Oder der Ausgeflippte zwischen
Drogen und Alkohol

Oder der verbissene Alleingänger
mit seiner Botschaft an uns
die wir nicht wollen
und er weiß es schafft weiter
bis zur eigenen Zerstörung.

Eines Tages
ist er der ganz Große

Mit einem zu sprechen
der sagt
Ich habe einen Menschen
getötet
urplötzlich dem Wahnsinn
des Lebens
gegenüberzustehn
als Zuhörer nur.

Hilflose Gesten
ändern nichts an
den wiederkehrenden
Albträumen des andern
der sagt
Ich kann niemals vergessen
Mein Leben
wird nie mehr wie vordem sein.

Ich habe getötet
und sie haben mir
dafür
auf die Schulter geklopft.
Ich werde es nie mehr los
das Gesicht
über das ich mich beugte
zur Bestätigung.

Ein guter Schuss
es war mein Feind
so hatte ich es gelernt.

Hier
lag ein Mensch.

Diese sich verbergende Kälte

von Menschen voreinander

mit einem guten Wunsch

wollen sie Böses, lauern

versteckt ob du's durchschaust

lächeln leichthin sprechen

von diesem und jenem

du spielst mit machtlos

Dein Tod
riss Dich aus Deinem traurigen
Hinterhofdasein
befreite Dich von dem Zwang,
die Flaschen verstecken zu müssen
und auszutrinken.

Deine
im Kreis laufenden Gedanken
können sich nun
in Ruhe entwirren
und vielleicht
zu einer Größe finden,
die wir nicht ahnten.

Unmerklich
löst ein Tag den andern ab.

Und du möchtest hinausschrein,
dass du fühlst.

Dass du etwas schaffst,
was ein Gesicht trägt.

Sage mir
kann Glück auch traurig sein.

Mein Herz ist ein Vogel.
Er spannt seine Schwingen
und berührt sanft im Flug
seine Schwestern, die Wolken.

Diesen Menschen einer Traumzeit

begegnet zu sein

aus ihren Gesichtern

eine Ahnung vom Frieden

mitzunehmen

der möglich ist

oder nicht mehr möglich ist

auch bei ihnen

nach der Begegnung mit uns

Mit ihrer Nacktheit
haben sie ihre Freiheit verloren
suchen sie manchmal
noch an den heiligen Stätten
ihrer Mythen
die heute dem Fremden
als Attraktion dienen dürfen
ein Jetsprung weit
aus der Hektik
zum Ah — Sagen
verschließen sich ihm
in ihrem Sinn.

Ihre einfachen Werkzeuge
begleiteten vor kurzem noch
ihr Leben
das davon abhing
in seiner Kargheit

Heute
liegen sie in Wellblechbuden
zum Verkauf
hängen dann
im Wohnzimmer
als Dekoration.

Ein Tag entgleitet der nächste
bereits im Beginn droht er
mit Vergehn wie jeder Tag

Denke oft es gibt viele
lebe ihn vielleicht bleibt
keiner

Stille
keine Menschen
nur ein Wasserhuhn
zieht ruhige Kreise.
Ein Regentropfen
wird zu tausenden
und bringt das Wasser
in sanfte Bewegung.

Ich sitze im Gras
dem Boden sehr nahe
atme Seerosenduft
bin Insel
zwischen zwei Wassern
vergesse alle Worte
und glaube an Frieden.

Du glaubst, sterben zu müssen und

Du lebst

andere sterben, Du lebst

Immer wieder. Auf — Ab

ewiges Wechselspiel unser Leben

Sag ja

Du gehst nackt durch Feuer

warum — ich bin müde

Es sind viele dort, die reden.

Sie reden, ohne aufzuhören

ohne sich selbst anzuhören

Ihre Worte fließen beständig

nur Du hörst zu — und vorbei

an den großartigen Worten

übersiehst die begleitenden Gesten,

die ein Allwissen bezeugen.

Ihr Reden tut weh

denn es schafft eine große Leere

Schweigen darüber und über alles.

Urgrund Schweigen

Rückkehr in den Vor- Beginn

Immer diese Sehnsucht nach dem Namenlosen

lass uns dort hingehn

Immer derselbe sein:
dieselbe Sehnsucht
einschlummern lassen
und erschreckt
sie aufwecken
und sorgsam nähren.

Immer derselbe sein?
Reales ideal
als Stiefkind behandeln
real Ideale bewahren?

Immer derselbe sein —
Einer Schnur folgen
im Dunkeln
wohin?

Schneiden sich Parallelen

im Unendlichen

nach mathematischer Logik

oder ist dies

eine Erfindung derer

die ihre Hoffnung

auf unendlich setzen?

Während ich

mit dem Leben ringe

in feigen Todeswünschen

lächeln mir Sterne

ihr Blumenleben zu.

„Du willst mich deiner
in Ewigkeit berauben"
Noch weiß ich nicht, Herr,
was zu tun ist,
weil Glauben an Liebe
Verzweiflung bringt
und Hinnehmen nicht Erlösung –

Vielleicht ist es dies:
Gemeinsam das Nichts ertragen.
Lieben
ins grenzenlose Dunkel mitgehen
und es nicht erhellen können.

Sie konnte ja nicht wissen,
dass ausgerechnet
am nächsten Tage
der Sturm sich verzogen,
der Wind sich gedreht
haben würde.

So ging sie
die gerade Straße
immer geradeaus
bis
sie am Horizont
nicht mehr zu sehen war.

Worte

Worte — diese Quellen
diese tödlichen Pfeile!

Sie öffnen uns Räume
und — verschließen sie.

Sie tragen ein Lächeln zu dir
verbergen eine Schuld.

Sie sind uns Werkzeug
und wissen sich doch zu entziehn.

Um mich sind Menschen, eine brodelnde Menge,
unzählbare Zahl, dicht neben mir, sie
umringen mich: einer unter ihnen.
Manchmal liebe ich ihre Aktivität,
die vielen Regungen unseres Menschseins.
Menschsein: was es bedeutet. . .
Wir leben von Tag zu Tag, füllen
Stunde um Stunde mit unserm Sein,
von dem wir nichts wissen.

Es gibt Augenblicke, in denen stehst du
vor dem Abgrund des Lebens.
Leben: ich lebe, du neben mir lebst,
bist Person...
dies zu d e n k e n ist Wahnsinn!
Es reißt dich fort in einen Strudel,
der im Nicht-Ausmachbaren endet.
Du läufst Gefahr, daraus nicht lebend
wiederzukehren, irgendwo fühlst du die Grenze,
die lebend nicht überschritten werden kann,
du bist gelähmt, starrst in einen Wirbel,
bewegst dich aufs Innere einer Spirale zu,
weiter, weiter ins Unsagbare — Leben —

Leben — ungeheuerliche Erfahrung:
Ich lebe — was bedeutet das?

Ich taste meinen Körper, er bewegt sich
und du neben mir und andere, andere. . .
und ein neues Leben, noch nicht dagewesen
ein Mensch, ein neuer, aus Dir,
aus dem Unendlichen, Ursein. . .

Mir schwindelt, noch einmal von vorne:
ich lebe. . . immer wieder
tiefer ins Grenzenlose falle ich,
ich habe den Halt verloren
und plötzlich bin ich zurück
an der Oberfläche.

Ich lebe auch jetzt noch, aber
ich weiß es nicht mehr.
Ich lebe jeden Tag, Jahre, Jahre
als Mensch wie alle Menschen um mich,
die reden und gehen, schlafen und singen.
Wir alle leben unser Leben.

Der Tod beendet das Leben nicht

Dieses Dröhnen

in meinem Kopfe

das will nicht enden

Marter

der ewigen Wiederkehr

des Erkennens:

bin kernverloren

in leerem Gehäuse —

Um was

dreht sich die Welt?

Wollte noch leben

und

war schon gestorben

weil ich Frieden gesucht

im Leben

fand ihn im Tod

Ja man erreicht

diesen Zustand des Schwebens

in dem alles gesagt ist

und ungesagt bleiben muss

der auch noch

den kleinen linken Zeh

elektrisiert

und zur Bewegung

unfähig

macht

Fluggedanken

Du steigst auf in
die Luft ohne Balken
weißt nicht wohin
ob zurück oder überhaupt
an, glaubst und
zweifelst, aber es ist doch
nicht der Deine, wo Du
dran denkst, der Dich
erschreckt, den man nicht
fassen kann, was ist
danach?

An dieser Schräge ins
Blau absinken
findest Du Dich dort
wieder?

Schon gleitest Du durch
das Blau, das trägt
und sich wölbt
und dazwischen
geballtes Weiß

Und Du selbst

hinter diesem Fenster

zu sehr Du

hinweg über, unter

was ist Dein Ziel?

Leiden des Menschen, der Menschheit, des andern
und auch immer Deines
Dieses drängende Forschen nach dem Nicht-Sagbaren
nach Sinn und Ziel
es sind nur Namen.

Zusehen, wie ein Ständiges beständig abrollt
sich wiederholt, Variationen erprobt
doch stets gleichen Rhythmus ins Nichtendende trägt
zurückschlägt, entgegenläuft
wirrt, entwirrt, verwirrt.
Schafft Verzweiflung.
Nur sein Sein ans Ende tragen.

Wozu ist dieses Leben da?
Zu gehen, zu stehen, zu essen, zu dichten
zu weinen, zu schlafen, zu sehen, zu fahren
sich zu freuen und zu quälen
etwas zu schenken und zu enttäuschen
sich zu erinnern und zu glauben
zu planen und zu vergessen
zu zerstören, zu hoffen, zu wagen, zu lieben
zu verzweifeln
und den andern zu diesem Leben ermutigen?

Und wozu etwas aufschreiben, in Form bringen
stets auf der Suche nach einer Lösung sein
und im eigentlichen zu wissen:
dass sich die gleichen Leiden
mannigfach und immer wiederholen werden

Am Straßenrand jeden Morgen eine Katze

Jeden Morgen eine Katze

Jeden Morgen dieselbe tote Katze

Im Vorbeifahrn

Eines Morgens lag dort eine schwarze

Katze — links

nicht eine Sekunde — im Vorbeifahrn:

jeden Morgen.

Dieselbe tote Katze, grau!

Dieselbe schwarze Katze

am Straßenrand liegt sie.

Ich sehe sie schon anderswo

bald überall

Ein Graues, Verwesendes

links beim Vorbeifahrn

wie lange noch? Wo überall?

Einmal deckt milder Schnee

Sterben zu.

Fetzen der Erinnerung

auftauchend im Nebel

des längst Vergangenen:

Ein kleines Kind

allein

auf einer sehr langen Straße

aber — am Rande stehen noch Bäume.

Vor diesem Fenster

an einem Tisch

der abblättert

wie draußen

die sich neigende Birke

zu sitzen

Gedanken, Gefühle

in Worte fließen lassen

dabei schauen

auf grünes Leben

Leben

lerne ich zu begreifen.

Wie das ist,

wenn

ein immerwährender Regen

auf das Land fällt

Wie das ist,

wenn

die Bäume sich färben

und sanft sterben

Wie das ist

wenn

aus Ungewissem

Gewissheit wird —

Knospen

drängen unter der noch harten Schale

ans Licht.

Sie wollen schenken —

der Morgensonne

bereiten sie ihr erstes Blütenlächeln.

Sehnen und träumen
von schön belaubten Bäumen
im Winter.

Sich verlieren und finden
in Blumengebinden
von Dir.

Lächeln und stilles Verstehen
im Nebeneinandergehen
mit Dir.

Frühlingsanfang! Mein Blick

verlässt suchend das Fenstersims:

Nur Grau.

Schmutzigrote Hausfassaden, Antennenwald,

in dem sich Tauben schon heimisch fühlen.

Traurig ragende Äste, beperlt mit Tränen, die

auch den Rand meiner Augen überfließen.

Einen Moment lang

hatte ich vergessen, sie festzuhalten.

Plötzlich
brechen alle Knospen
aus mir aus
gelöst und
der Sonne vertrauend
frühlingne Luft
streicht mein Gesicht.

Am Abend
bricht Frost
meine Hoffnung
wie dorren Zweig.

Ein Stern hing im Baum
am kahlen Ast
ruhte er aus
sang ein nachtenes Lied
mir Einsamen.

Einmal wieder
unbeschwert
im Grase liegen
Heu in den Haaren
wiesene Blüten
das Gesicht
streicheln lassen.

Einmal wieder
des Abends
den sichelnen Mond
herunterholen
und sehr viele Sterne
in die Hand nehmen
zum Spiel.

Einmal wieder
zu den Wolken
sich von wehender Birke
hinaufziehen
frei
einmal wieder
schwerelos sein

Beginnender Herbst
wenn Nebel die Sonne
wie ein Versprechen umhüllt
und dieses im
Vergehen einlöst

Wenn kühlerer Tau
sich niederlegt
und die Bäume leise
zu singen beginnen
o Du Herbst dann

Enthülle uns sanft
sonst könnten wir sterben
das Geheimnis
der fallenden Blätter.

Die Straße ist kalt
und der Herbst,
der früher mein Bruder war,
ist nun nur Kulisse
für meine Angst.

Sie nimmt mir den Schlaf
und macht
schreckweite Augen.

Die Nacht
ist ein zagendes Sehnen
nach Frieden, der
nicht mehr möglich ist.

Und ich
bin so müde geworden —

Herbstwinterliche Morgensonne
spiegelt sich
in blutbaumfarbener Erde,
die sich dem Auge öffnet
zu feuerlohendem Abgrund —

Bäume sind stumme Zeugen,
raunen ihren Sang.

novembermorgen

blass blattverloren
hebt sich der morgen an
steigt über blassheit
neblige welt
wir stehen unten
schauen findend nach oben
grau —
neben dir
blüht eben die letzte rose

Vor grauer Häuserwand dunkler noch
zeichnen sich schlanke Äste.
Grau ist auch mein Blick — alltagsgewohnt

Heute malt Weiß zarte Linien —
die entzücken mein trauriges Herz.

Weißes Vergessen legt sich
über graues Land

Auf weißen Füßen bahnt sich
das ewige Schweigen
seinen Weg

Beginnender Tag über der Ebene.

Ich schaue rote Wärme.

Langsam hebt sie sich ab

vom Horizont.

Die weiße Ebene taut —

und taucht auf

aus ihrem nächtlichen Schatten.

Nun schmolz es dahin
das rettende Weiß
das uns Hoffnung gab
auf einen Wiederbeginn

Es nahm sie mit fort
in die Schmelzflüsse
unter dem Tag

Sie münden dort
wo man uns nicht kennt

Zyklus

november sturm fegt

letzte blätter vom baum

winter vereiste fenster

warmer schein einer kerze

verwandelt eis in blumen

morgendämmerung blasser mond

zwischen wolkenfetzen wälder

weiten schnee schwarze

baumstämme sonne hellt

frühling narzissenmeer

blütener tau sommer

weiße birken im wind

läuten grünes lob

herbst nasses laub

füllige farben und

immer wieder winter

weißer hunger doch auch

glück hinter kristallblütenscheiben

und liebe

Wiederkehr

November — sturm der die letzten blätter

vom baum fegt

Winter — vereiste fenster dahinter

der warme schein einer kerze

die das eis in blumen verwandelt

Morgendämmerung – blasser mond

zwischen wolkenfetzen

Wälder weiten schnee

schwarze baumstämme sonnig erhellt

Frühling — narzissenmeer blütener tau

Sommer — weiße birken im wind

läuten grünes lob

Herbst — nasses laub füllige farben

und immer wieder winter weißer hunger

doch auch glück hinter kristallblütenscheiben

und liebe

Gespräch an einem Sonntag

Woran denkst Du?

—— An die Blätter. ——

Fragendes Schweigen.

Dann: Nichts weiter?

—— Nein. Ich denke an die bunten Blätter.

Draußen ist ein sonniger Herbsttag.

—— Wie langweilig!

Schweigen.

In Gedanken: Ich denke an die schwebend-fallenden

Blätter im Herbstwind.

An die nackten Straßen, die heute bekleidet sind.

Und: die herbstlich gefärbten Bäume

immer wieder. . . Nur diese.

Langweilig? —— Mag sein.

Wenig? —— Vielleicht genug.

Wir sind da.

Ewig

Abgrund — Maß für Liebe.

Einer im andern versunken.

O Du Geliebter!

Nichts sagen

Überstärke — Überhelle

wir verbrennen

und wachsen hervor

übergroß

jetzt — dann.

Möchte endelos schauen
Deiner Augen Sterne
und mit Dir träumen
vom klaren Himmel.

Möchte alle Tränen
von Dir fortnehmen
und jede Wolke
beiseiteschieben.

Wir leben von Anbeginn der Welt

bis ins Nimmeraufhören.

Ich muss zurückfallen in den Mutterschoß.

Dort begann ich Dich zu lieben.

Du bist aus mir geboren,

und ich bin Du.

Wir

sind ein Kern —

Lege Deinen Kopf in meinen Arm
und ich werde Deiner Seele
flatternden Falter
ganz fest halten.

So werden wir ruhen
im Bauch einer Geige
deren Saitenspiel süß
unseren Traum begleitet.

Immer denke ich Dich

Du

ganz bis in die Tiefe des Seins

Wachsen im Vertrauen

sanftes Anrühren, Ahnung

ich schaue Dein Verstehen.

Immer bist Du da

und ich atme

leises Glück, Glanz im Auge

Du.

Oh, ich habe Dich lieb

so sehr,

dass ich alles tauschen möcht

für Dich

Deines Lächelns Fältchen

die smaragdnen Seen

Deiner Augen

den Stern

den Du mir zustrahlst

das samtne Schmiegen

der Wangen

das Schauen, Versinken

und das zärtliche Flüstern

Du.

Immerfort

eilen meine Gedanken zu Dir

Du bist so fern

Ganz viel Liebes

möchte ich Dir ins Ohr flüstern

wenn Du den Kopf an meinen lehnst

Meine Augen wollen zu Deinen sprechen

und meine Hände in Deinen ruhn.

Drei Tage der Trennung

sind eine Ewigkeit für die Sehnsucht.

Da steht die Kerze

trägt

flammendes Licht

in offene Herzen

verhalten

loderndes Feuer

schenkt Wärme

in kalter Nacht

strahlt Helle

in unser Dunkel

ihr Schein

eint die Gedanken

und zaubert

ein Lächeln

auf unsern Gesichtern

wir Träumende

Zarte Liebkosung

mit Auge und Hand

Wir sind da.

Nur wir —

Schlagen noch Herzen?

Unser Herz ist die Welt.

Sichelner Mond

draußen

hellt dunkle Nacht.

Wir

strahlen uns Helle zu.

Du

glücklich geboren

schenkst Glück

Du

Dank

dem Gotte der

Dich erschuf

Dank

Du

gibst Freude

immer Dich

Du

Denn die Zeit eilt dahin
und ich finde keine Worte
wie selbstverständlich ist
mir deine Gegenwart

ich sage dies und jenes
täglich Wichtige was
doch im Gegensatz zu dem
was wichtig ist so nichtig ist

und eines Tages bleibt
mir keine Zeit mehr dir
dies Eine noch zu sagen
was stets auf meinen Lippen lag

und dann dort liegenblieb

Diagonal und im Kreis
selbst im Zickzack
gehen meine Gedanken
durch den Raum
meiner Sehnsucht.

Immer stoßen sie
an den Wänden
sich wund;
das bist Du.

Und ich habe mein Herz genommen
und es neben mich gelegt

Der Schmerz unserer Liebe
füllte den Hohlraum aus

Nur Liebe kann schmerzen
Gleichgültigkeit tötet

O sich lieben heißt
lebende Fackel sein

Fortgehen:

immer

schneidet es

ins Lebendige

unsere Liebe

blutet

heilt

mit dem Kommen

Dein Herz krankt an mir

reiß es aus Dir

wenn Du kannst

und nicht bangst

zu verbluten

Ich werde weinen

Du wirst meinen

es sei nur so

wie sonst irgendwo

auch bei mir

Oder wir leben weiter

traurig manchmal heiter

und fragen uns was

ist Liebe mehr als das

Sich Wehetun

Wo warst Du
an den langen Abenden
da ich allein
in einer Ecke saß
und Dein Bild
an die Wand malte?

Wo warst Du
den ganzen Tag hindurch
als meine Sehnsucht Dich rief
und ein Wort von Dir
mich ins Leben zurückgerufen hätte?

Du warst nicht da.
Im Meer meiner Tränen
hast Du mich ertrinken
lassen.
Du warst nicht da.

Sage mir
wie lange währt noch
die Zeit
bis wir uns frei
unser Sein
schenken können?

Ist bald
der Frühling
wann
unsere nackten Äste
Blüten
dürfen?

Noch auf dem Wege
zu Dir eilend wusste ich
wie es sein würde
Dein flüchtiger Blick
an mir vorbei
interessiert auf anderes gerichtet
das als Vorwand dient
unruhiges Flackern
hinter Augenlidern
mausgrau versteckt

Ein Geschenk
wird im Flur abgelegt
deine Hand greift
nach anderen Dingen

Manche Gesten irritieren
und du wünschst sie ins Nichts
zurück

Eine Handbewegung von Dir
hat mein Leben vernichtet
diese fallende Gebärde
in einem Augenblick
vom gebend Offenen
ins Nichts.
Alles zwischen uns
hat diese Hand da
ins Unabänderliche
gefegt —
einen Brotkrumen
vom gefüllten Tisch
unter deinen Fußtritt.

Grausam ist das:

plötzlich

alle die Geschenke einer Freundschaft

in der Hand zu halten

(in die sie gar nicht mehr gehören)

und gar nichts begreifen

können.

Dann plötzlich Worte
nicht wichtig
dahingeworfen wie etwas
nach langem Schweigen
aber lebendig
wie Wasser dem Durstigen

und Augen
lange auf mich gerichtet
die Leere gefüllt
mit bebender Hoffnung

und wieder Schweigen
doch Augen beginnen
verstehen

Vielleicht

kann Liebe nicht dauern

ist Liebe ein Wort das

schwindet mit dem Gebrauch

lassen Liebende leiden

gibt es sie gar nicht

die Liebe

aber Zweifel und Unruhe

die Herzen vergiften

sind wir allein in

der Liebe die keine

Sicherheit ist und

Glauben kein Beweis

aber l(i)eben wir

dennoch

Wenn unsere Schritte nicht stockten

Wie macht man das

etwas wiederfinden

was verlorenging

Gott

oder die Liebe

und den Glauben

den alten Kinderglauben

alles

alles würde wieder gut

Wenn Du sagst

ich freu mich

dann

stimmt es

zwischen uns

und die Eiszeit

bringt

Blüten hervor

Am See

der nicht sichtbare

Horizont

aber zu wissen

dort drüben

ist Land

Die blühenden Bäume
verlieren die Blüten nicht mehr
in dem ewigen Morgen.

Hilde Domin

Täglich säen wir Samen aus
für Bäume des Himmels
darin unsere Träume nisten

Die Vögel fliegen auf
aus ihren Zweigen
sieh doch, die Luft trägt!

Täglich säen wir neue Samen
für einen ganzen Wald Hoffnung

Weil das Paradies in uns wurzelt

Abends wenn

diese ungeheuren

Melancholien

aus mir ausbrechen

wie wildes Gewächs

aus dem Mauer

gefüge

und Musik Türen

öffnet zu

nicht endenden

Räumen

müsste die Zeit

stillstehen

und unser Schweigen

beredt sein

Wie lautlos

der Vogel

die Sterne

und der hinter

Hügeln versinkende

Mond

Auch der Wald

und der Weg

hinauf

Den Zaun

den schützenden

das Tor

zu zweierlei

Gebrauch

zum Schließen

und

zum Öffnen

Kinderschaukel

alter Kindheitstraum

jetzt real

sogar im Lebensraum

leicht wiegend

Brahms zu hören

noch einmal

nein zehnmal so schön

schaukelnd

auch du

und wie wild

als gälte es

den Himmel

zu erstürmen

die sich vergessenden

Kinder

es ihnen nachtun

nachholen zurück

holen

unsere Kindheits

(t)räume

Warum sagst Du nicht einfach

Komm

lass uns reden

von anderen Zeiten

muss denn jedes Wort

symbolbeladen sein?

Die kluge Zeit

lass uns überlisten

Brückenbauer

sind wir doch nur

Zuweilen irritiert uns das

Irrationale

Soviel Wärme
nach einem kalten Tag

Soviel Zärtlichkeit
noch nach Jahren

Vergessen sind
die kleinen Wunden

Wir machen Pläne
für jeden neuen Tag

Muss noch lernen

zu verstehen

warum die Menschen

um mich her

laufen als seien

sie aufgedreht

Muss noch lernen

die Sonne

unverändert auch

hinter dichten Wolken

zu sehen

Muss noch lernen

die kleinen versprengten

Freuden durchs

Vergrößerungsglas

meiner Liebe

lange

zu betrachten

Den Rilke unterm Kopfkissen
so stelle ich's mir vor
vielleicht auch
in oberster Reihe
zwischen Fachbüchern
verschanzt

Auch das Bild mit
dem Mond über dem Meer
könnte
nur irgendeines sein

Einfach nur alt und kostbar
inmitten des wertvollen
Mobiliars

Wo aber finde ich Dich?

Komm

lass unserer neuen

Hoffnung

nun Wege bauen

Lass

unsere Krisen und Ängste

als Pflastersteine

gut sein

Den Grenzstein
gemeinsam suchen

Die Verletzungen
lass uns dort
begraben

Wieder einmal

hat sich

ein Vorurteil

nicht bestätigt

endlich einmal

dieser Vorschuss

Liebe

Auftauchen

aus dem Nebel

der Alltäglichkeiten

bei einem Freund

die Stimmigkeit

spüren

für Tage

oder auch nur Stunden

schon

nimmt Bewegung

das Erinnern vorweg

Du stehst plötzlich vor mir

zögernd

sage ich: komm

wärm Dich auf

lass uns sprechen

von alten Zeiten

und von denen die

sein werden

Immer wieder ist dies

ein Traum

an der Peripherie

unseres Jetzt

Wieder und wieder

die Faszination

der wenigen Worte

und darum

Du und ich und

wir und eigentlich

alles

Ein Zug

durchfährt

gelassen

das Tal

unserer Zweisamkeit

Den sich neigenden
Tag auskosten mit
Meer in den Augen

Das Glück unter Freunden
schmecken
die wunderbare Länge
von Stunden

Den Meereswind
einfangen

Die Sterne nun
über den leeren Stränden
und denken
so
müsste es immer sein

Traumwandelnd
zwischen Realitäten

Auch der Tod
ist nur eine
von vielen

Der Tod - das Leben
ein Tod
unser Leben

Leben wir und sterben doch
sterben wir und leben
doch

Gefühle

sind vielleicht

nur eine

Projektion

ohne Anspruch

auf Erwiderung

aber

unsere wilde Hoffnung

und jeder allein

in der Frage

sind wir alle

schuldig oder

niemand

Die Blumen erkennen

wenn sie

nicht mehr blühen

jederzeit sich

wiederfinden

im Atemholen

als wäre es

das letzte

Oleander

dass etwas da ist
zum Überwintern
innen
wenn es draußen
zu kalt wird
zum Treiben der Blüte
für die Abende
im Freien

Frieden

Alle Welt sehnt sich danach

gleichzeitig geschehen

Attentate Morde

Gewalt

wenn Kinder geprügelt

Tiere gequält

seelenlos

die Behausungen

Die Hand des Bruders

ist zum Greifen nah

Sicherer

ist die Entfernung

Das Entsetzen

über vagabundierende

randalierende

Vandalen

rutscht mit den Chips

gemütlich herunter.

Wir

sind ganz und gar ohnmächtig

überhaupt

für den Frieden

sind

    andere

        zuständig

Einmal sagte einer Herr

mach mich zum Werkzeug

Deines Friedens

Beim Lesen eines Artikels
über New York
plötzlich wieder
Sehnsucht nach dieser
verrückten Stadt
dem Irrsinn dort ringsum

Warum eigentlich
halten wir
Überschaubares
für heil?

Exemplarisch
Leben nicht als Unsinn
furchtbaren Irrtum
begreifen
lernen wir vielleicht
gerade dort

So

stellten wir ihn uns vor

unseren Fluchtweg

schnurgerade

bis zum fernen

nicht mehr erkennbaren

Horizont

Den Weg

haben wir gefunden

und darauf

die Erkenntnis einer

auch nach Umwegen

stets noch möglichen

Umkehr

Lauter ehrliche Dinge

tun

einen ehrlichen Brief

schreiben zum Beispiel

oder einen Menschen

ansprechen und ihm

sagen: ich mag dich

es einmal wirklich

tun

nicht immer wieder

Rücksichten vorschieben

ein Kind

um Verzeihung bitten

alle Überlegungen

hintenanstellen

einen Freund fragen

warum rufst du nicht an

den falschen Stolz

falls es überhaupt

einen echten

geben kann

ein für allemal

begraben

Kleiner Vogel
in meiner Hand
einen letzten Rest
Wärme
kannst Du vielleicht
mitnehmen
ehe Dein
Leben ausgehaucht
ist und mein Schmerz

Durchs klare Glas
sahst Du den Himmel
den Deinen
Undurchdringlichkeit
brachte Deinen Flug
zu Fall

Noch einmal
spreizt Du den Flügel
wie zum Abflug
Was sind wir mehr
als Vögel
in Seiner Hand

Mein morgendlicher Gang

durchs Blütenmeer

dieses Gehen

ein kurzes Stück

und dort

ganz nah einen

Duftsprung nur

Dein ganz einverständlich

Atmen tagaus

Sterben nein nicht

Abschied

Du nahmst meine

Hand

wie ich nehme nun

diese hier

Glieder einer Kette

nur das

sind wir

Schlaf du sanfter
Bruder des Todes
mit gleichmäßigen
Atemzügen
trägst du uns
ins Nicht
Erfahrbare

Du blickst hindurch
hinterfragst
höchst unbequem
gelangst sofort
hinter die Fassade
klugen Redens und
floskelhafter Höflichkeiten

Deine Einsamkeit
sucht Sprossen

Und wir
haben es zu spät
verstanden

Dein Anruf

von Zeit zu Zeit

ist ein Handausstrecken

Und wir reichen

nicht

an Dich heran

mit unseren

lauten Worten

Deine leise

Stimme

birgt Möglichkeiten

versteckter, nicht

eingestandener

Poesie

Dein manchmal

trauriges Lachen

verschwindet

von den meisten

ungesehen

hinter den Hügeln

Deiner Arbeitswut

Und Deine Frage
was mich am Leben
erhält
beantwortet das Leben
selbst

Rose du

im Verwelken

noch schön

und fraglos

funkelnden Blicks

ein Aufrichten

und reinster Sprache

voll

gibst du

dich

uns Verstummten

für Rose Ausländer

Vorbild Leben

dieses unser Streben

an etwas Unvollendetes

mit unserem Tun

vermeintlich vollkommen

heranzureichen

Ist nun Kunst unser

Leben

oder ist Leben eine Kunst

für uns?

Sich verlieren und finden

Wie wir stets uns selbst

herausnehmen aus dem Ganzen

um für den anderen

erfahrbar zu sein

ist Kunst

Teil

Vielleicht

     erlerntes

          Leben

Sommeranfang

Hör zu
der Schatten spricht

Wildlingsgrab

Berge Dich im Feld

wilden roten Mohns

bis Deine Tränen verlöschen

bis der Morgentau

die Kapsel sprengt

die unseren Traum

gefangenhält

bis wir Seite an Seite

die zitternde Gebärde

proben

zum Aufbruch

in gemeinsames Leben

Komm jetzt

Es ist ganz leicht:

Die Tür

sahst du seit langem

Im Morgengrauen

auf dem Wege hin

du glaubtest sie

verschlossen

Ein anderer öffnet sie

Um ein weniges größer

müsstest du

dich beugen

Dieser Schritt. Einer nur.

Und schwellenübertretend

öffnet sich das Geviert

ins Ungeahnte.

Die Läden schließen
die dunkle Kühle im Haus

Nur durch die Spalten
dringt gefiltert
das Licht

Die Geräusche des Meeres
und das Schreien der Vögel

kommen von weither
aus einem uralten Traum

Den Korb mit Lilien
überquellend gefüllt
schreitet die Portugiesin
den steinigen Weg hinab
uns entgegen

Solche Schönheit
am frühen Morgen
der aufrechte Gang
mit der Last auf dem Kopf

Wir zehren
von dem Bild
den ganzen Tag

Auf der Mauer sitzend

hoch über dem Grenzfluss

unser Blick fasst das andere Land

war sie plötzlich da

die Frage

die einzig entscheidende Frage

wozu

wir denn hier sind

Und noch immer wussten wir

die Antwort nicht zu geben

aber anderntags

nahmen die Heiligen des Orts

nahe der Grenze

uns bei der Hand

und zeigten uns was uns bis dahin

verborgen war

Und das Lächeln eines alten Mannes

der in seinem Sonntagsgewand

vor uns stand

und der Friedensgruß

einer ungewöhnlich kleinen Frau

gab uns einen Schimmer

vom Glauben

dass doch alles gut sei

weil da immer ein Platz ist

wo wir hingehören

und Einer

der wartet

Du sagst die Blume hat
ihre Schönheit bewahrt
Ich denke war es dies
war da nicht die Sprache
die vergessene
der Durst in den Augen
nach Licht
die tastende Hand

Aber noch immer verlangst Du
nicht nach dem einzigen Wort
dem einzigen Licht
sucht Deine Hand nicht
den einzigen Halt

Springkraut

Beim Zuklappen des Buches
fallen mir reife Samen
in die Hand

Die Bezüge ändern sich
aber wir
bleiben uns gleich

Wenn wir bereit sind
können wir Boden sein
für die Saat

Wenn wir bereit bleiben
können wir Früchte tragen

Zur rechten Zeit
springt die Kapsel auf
bei der leisesten
Berührung

Du
von jenseits des Spiegels
Bild
in meiner Hand
Zwilling

Unsere Worte
bewegen sich
in engen Bahnen

Wenn aus dem Spiegel
Dein Bild
auf mich
herabfällt
muss Sprache
sprachlos sein

Fliege auf, flieg auf
Drachen meiner Freude

Ich halte dich ja
kommst mir nicht fort

Flieg Drachen flieg
an fester Schnur
zur Insel meines Glücks
wo in wilden Gärten
nicht gesäte Blumen blühn

Dorthin will auch ich

Ausruhn will ich tausend Jahre
in den Mauern
mich lehnen wunschlos
ans verwitterte Gestein

bis auch über mir
eines Tages der Treibsand
seine wellige Spur hinterlässt

Blaue Höhle

Rückkehr in den Vorbeginn

purpurnes Schneckenhaus

ich höre nichts

ich sehe nichts

ich falle vorwärts

in die Ewigkeit

Viele kleine

Tode

im Leben

der letzte

Schritt

ein leichter

Die Geste

Als Du, meine Freundin, sagtest
dass Du nicht an Gott glaubst
erschrakst Du, meine Tochter,
heftig und legtest mir
Deinen Arm auf die Schulter
und stelltest viele Fragen

Diese Fragen nach dem Warum
fanden keine Antwort, die Dich,
meine Tochter, zufriedenstellte

Als wir gemeinsam
in einer Kirche weilten
wo Gott mitten unter uns war
an den Du nicht glaubst, meine Freundin,
legte die Tochter der Mutter
die Hand der Freundin in ihre
und hielt beide fest

Später dachte ich viel
an diese Geste einer Verschwisterung
und daran wie es sein könnte
wenn überall auf der Welt
jemand da wäre

der zwei Hände ineinanderlegte

unter dem Schutz Gottes

der da ist

auch wenn man nicht an ihn glaubt

Da flog die Taube davon

Da flog die Taube davon
die des Friedens
wir wollten nicht Werkzeug sein

Da flog die Taube davon
die der Freiheit
Wir wollten nicht ausharren
mit den Gefangenen
nicht öffnen unsere Türen für sie

Da flog die Taube davon
die des Geistes
Wir hatten aufgehört
an Frieden und Freiheit zu glauben

Weil in Ponte de Lima
die mächtigen Platanen
sich bis zur Erde neigen
ihre dichten Kronen
ein Dach bilden
und die Bank unter ihnen
zum Verweilen einlädt
unterbrechen wir unseren Weg

An den Abenden flüstert
jeder für sich seinen Traum
in die Zweige
horcht beim Abflug der Taube
auf die mögliche Botschaft

Die wollten wir geben
wie Kinder es tun
mit Zeichen
die nur sie verstehen

November schon

und noch sind

des Spätsommers

zarte Fäden gespannt

ein Netz

bilden sie

im Wald des Erinnerns

Die Pflanze Hoffnung

nicht

mit Reden düngen wollen

nicht

mit Fragen beschneiden

sie einfach wachsen

lassen

Was auch immer geschieht
lass uns den Blick bewahren
für die so seltenen Wunder
die doch täglich
geschehen können

Was auch immer geschieht
lass uns Kinder bleiben
in unserer älter werdenden Haut
lass unsere Stimmen leise werden
und die Ohren hellhörig
für die ganz feinen Töne

Was auch immer geschieht
lass unsere Augen
den einmal geschauten Glanz
nicht vergessen
und die Heiligen in den stillen Kirchen
nicht

Denn sie harren aus für uns
wenn keiner zu ihnen kommt
und längst keiner mehr
an sie glaubt
nur das Kind in uns

Blühende Gärten

in denen wir

die verlorenen Träume

unserer Kindheit

suchen

Trost

du blühender Garten

Gott

Ich möchte Dir erzählen von dem Lamm
das geboren ward dem ich half
in die rettende Luft
und dem Vogel der starb tags zuvor

Ich möchte Dir wieder Gedichte schreiben
und Dir die Veilchen
auf unserer Wiese zeigen

Ich möchte zu Dir sprechen
von meinem Durst nach Gott
meiner Sehnsucht und Hoffnung
auf ein zu erwartendes Paradies

Ich möchte Dir schildern
das Entfalten der Magnolienblüte
am Morgen
und die Formation des Vogelflugs
das Gelb der Narzissen
und den Duft vom Wachsen
aus der frühlingnen Erde

Wie der Wacholder am Waldrand steht
wächtergleich
und der Bärlauch seinen starken
Geruch verströmt

Dass der Sturm viele Bäume

gefällt hat

aber uns nicht

und unsere Hoffnung nicht

und unsere Sehnsucht

nicht

Wenn wir einmal
entgrenzt wären
nicht nur sekundenlang

Wenn einmal
keine Angst uns einfröre
vor der Nähe des Nächsten

Wenn einmal
unsere Schritte nicht stockten
vor den unsichtbaren
Gräben

Wenn das reine Wasser
fließen könnte
ungehemmt

Wenn ein Haus
keine Tür mehr hätte
und die Mauern aus
lauter Fenstern bestünden

Wenn die Wälder
über die Ufer
der Straßen träten

Und die Vögel
ihre Winterreise
in unsere Herzen machten

Dann wären die Welt
und wir
uns wieder ähnlich

Dann wären wir wie
der Plan einmal
war

Dann läge
auf den Waagschalen
der Zeit
Leben
bereit

Zuoberst das Blau

Die Stille

die mich umgibt

macht die Dinge

plötzlich persönlich

eins meiner Lieblingsbücher

möchte ich aufschlagen

und den leichten

Schreck verspüren

bei der Begegnung

mit etwas

wieder mal so

gut

Gelungenem

Beim Entdecken

grauer Haare

beginnt

Erinnerung an

gemeinsam entworfene

Pläne fürs Leben

Nun

wird Sehnsucht

wieder erzeugt

manche Hoffnung aber

als Illusion

entlarvt.

Eigentümlich wie hier
ist das Licht
sonst nirgendwo

Die Wetterfahne steht still.

Nicht fern ist die Erinnerung
an die Kindheit
der Kinder
zu der ich meine eigene geselle

Dort
das Spinnweb
an den Baumwipfelfransen

Erinnerung

Die Nebel in den gezackten Wipfeln
sind dir bekannt
Die feinen Unterschiede ihrer Dichtigkeit

An dieser Kurve
sahst du den Tod
jung
übers Lenkrad gebeugt

Jene Wege
gewunden wie eh und je
Holzstapel am Rand
auch damals schon

Der Stacheldraht an den Weiden
ist rostig geworden
und die Pfähle
moosiger noch

Die Obstbäume haben ihre Frucht
abgeworfen zuletzt das Laub
Noch immer windet der Bach sich
zu Tal

Wortperlen
aufgereiht
das
bin ich

Nichts
ist festgefügt
weh wenn sie fallen

Fädle mich auf
an meinen verstreuten Worten

Wenn das Lächeln

von Deinem Gesicht

herabkippt

wie eine am Rand

stehende Vase

sage ich erschreckt

oh

Dass ich die Welt

mit Deinen Augen sehe

heute

wurde es mir bewusst

fern

von Dir

Bei beginnender Liebe

noch Wunsch

später

als Romantik abgetan

plötzlich ist es

real

Ein Strich am Horizont

wird zum Motiv

auf Deinen Bildern

und Hässlichkeiten

kann ich nicht

wie früher

übersehn

Zeitlose Zeichen

Dein Glaube an mögliche

Veränderung

durch Setzen von Zeichen

neben meiner doch schon relativierten

Hoffnung

etwas bewirken zu können

und vielerorts bereits

die nicht mehr vorhandene Hoffnung

und ein daher auf sich selbst

reduzierter Glaube

Konkret:

Eine Aktion in einer

verlassenen Fabrik

noch vorhandener Geruch nach

Garnen, Farben, Frauenschweiß

Auch hier

reduzierte Erwartungen

von einst

Und jetzt:

Menschen schauen, fragen sich

Dich, mich, uns

verändern Zeichen Leben

hören Klänge

betreten ein Bild

nehmen vielleicht einen

Augen - Blick

zeitlose Zeichen mit

Der Konsens war da

von Anfang an

ohne Erklärung

den Hintergrund ahnen

wir nur

darum

können wir sagen

was wir denken

Dass wir weniger

voneinander wissen

als wir dachten

machte gestern

Dein Vorbehalt

deutlich

Immer wieder
ein Stück Traurigkeit
warum

verharrt nicht
der Moment des Glücks
hält stand
überdauert anlehnend
an Dich

Fortstreben
kurz nur
mit sicherer Rückkehr

Das Licht und die Wärme
speichern

Das Bild im Spiegel
wenden was
ist wirklich

Unsere Grenzen

Dazu sagst du nichts.
Weißt keine Antwort.
Fliegen ist doch ganz anders.
Und wir haben das Fliegen
verlernt.

Wenn am Fuß des Felsens
einer wartet
dann glaubst du ginge es

„Man könnte. Aber
man kann nicht."

(Martin Walser, Meßmers Gedanken)

Die Sonne versinkt
gläsern fällt sie
zwischen den kahlen
Stämmen hinter den Berg

Jenseits erhellt noch
für eine kurze Zeit
ihr kalter Schein
den verborgenen Weg

Ihrem Licht laufe ich
nach suche die
verlorene Wärme des Mittags
Biegung um Biegung

Vergiss alle Gegenstände
des täglichen Gebrauchs
lass die Häuser hinter dir
und verlass die Straßen

Du musst neu beginnen
Du musst alles vergessen
und alles neu lernen

Es hat nicht getaugt

Noch gelingt es vielleicht
die Schwärze der Nacht
aufzubrechen

Wenn
wir
ganz von vorn anfangen

Das Haus neben mir
steht seit gestern
leer

Die verschlossenen
Fenster bergen
Erinnerung

Meine Nachbarin
war eine
die selten glaubte
aber vieles
tat

Er ging leise von hier

Dieter Leisegang

mit einem letzten

abrupten Geräusch

hinterließ er uns

„lauter letzte Worte"

Hinterher

immer erst hinterher

wollen es alle

gewusst haben

wie gut seine

leisen Worte

schon immer waren

Auch ein aktueller

ja visionärer Bezug

wird leicht gefunden

hinterher

„Die Wälder entwichen den Äxten

Spurlos ins

Weite Asyl der Gedanken"

Er hat Recht:

„Kahlschlag schlechthin"

Zitate von Dieter Leisegang

Die Türe weit offen
wie meistens
paradox das Schild
Heute geschlossen

Finnland ist weit
Rakeli

In unserm engen Land
schließen wir uns ein
mit Riegeln
und Regeln

Die Leitplanke
bewahrt uns
vor der Natur

Es muss ja sein

das Panzerglas am Schalter

der Stacheldraht

die Grenze

Es muss ja sein

die Mauer das

Schweigen über vieles

die Leitplanke der

Sicherheits

abstand

Wir müssen doch

das Leben

sicher machen sichern

versichern

gegen

Trugbild

Wo ich noch
fast ausschließlich
wirklich grünes
Baumgrün
zu sehen meine
zeigst du mir
die Äste
dazwischen
ragend

totemgleich

Das Dorf

Der kunstvolle Garten
jede Pflanze hat ihren
unverrückbaren Platz
ein Haus, dieses hier
und jenes dort und
dort noch einmal
in etwas abgewandelter
Perfektion
und auch die natürlich
belassenen Bäume
Waschbetonkübel für den
zu klein geratenen
Vorgarten, die Blumen
quer durch den Katalog

Es fehlt auch nicht
der verordnete Spielplatz
die Ampel, der Zebrastreifen
die Werkstatt, der Laden
die Kirche, der Arzt

und was fehlt
den Menschen

Berlin - Bundesplatz I

Damals
vor dem Haus aus einer Zeit als
er noch Kaiser
platz hieß
spielten wir in
der Hecke Versteck
Muttervaterkind
im Treppenhaus aus
Marmor ließen wir
Knallerbsen krachen
und sprangen aus der Hölle
geradewegs
in den Himmel

Berlin – Bundesplatz II

Die Straße ist verbreitert
der Vorgartenflieder
hat
üppig geblüht
im Hof spielte wirklich
der Leierkastenmann
und wir
der Sandkasten wurde
zum U-Bahn-Schacht
mein Freund
aus dem Gartenhaus
machte der Autobahn
Platz

Der flüssige Verkehr
ist heute das
Kinderspiel

Auf Tuchfühlung
mit dem Menschengewoge

Auf Hautkontakt
mit den historischen Fassaden

Rauschhaft hindurchgleiten
ohne Windschutz

Wie damals
als Sehnsüchte mit uns
durch die Straßen eilten

Ich atme Oktoberluft
überm Schwanenspiegel

Setze mich aus
der Magie Großstadt

Auf Hochglanzpapier

schleicht sich

die Unmoral

steuerbegünstigter

Landschaftsverschandelung

als harmlose

Drucksache

ins Haus

Auto

Auto Autor Autobahn

berechtigter Zorn

gefällter Bäume

Autosuggestion gewährt Schutz

bedrohtes Leben

regeneriert autogen

wollen sie uns weismachen

die autoritären Autokraten

die totale Automatisation

steht kurz bevor

Selbst selbst von selbst

Nicht von selbst gelangen

giftige Auto-Abgase

ins Innere eines Autos

das ein Mensch

zur Selbstzerstörung

benutzt.

Überall

diese plattgefahrenen Tiere

unser Tribut

an die vermeintliche Freiheit

Gefühllos

fahren wir auch noch

das hundertste Mal

über felliges stachliges

Leben

Ob es gelingt

Sich zurückziehen
auf die letzten Inseln
noch heiler
Umwelt
oder
die Säge anhalten
die Platz schaffen
soll
für einen leichteren
Transport
dorthin

Die Entfremdung
schreitet fort da
die Flucht
in eine heile Welt
nicht mehr möglich ist

Die Suche
nach dem Paradies
der Wunsch
einer rastlosen
Gesellschaft zu entfliehen
aber wir können die Werte
nicht finden

Das schafft ein
nicht aufzufüllendes
Vakuum

Tagung

Wozu und für wen
Texte seziert

Langeweile
kriechende Zeit

Wie anders dagegen
der gestrige Abend
mit Dir hörend

Lass uns Punkt sein

Unsere kleinen und großen

Animositäten

würzen die Suppe

des Einerlei

ganz entschieden

manchmal vielleicht

ein wenig zu scharf

aber

was macht's

Den Stolz kultivieren

und zu berechenbaren

Faktoren seine

Zuflucht nehmen

aber das Gespräch

ängstlich vermeiden

das eine Lösung

erreichen könnte

Damals wohnte er

Ecke Bleibtreu

und als sie

ihn fragte

nach dem Treubleiben

wechselte er

die Wohnung wie

ein lästiges Thema

Leider

beging er den Fehler

in die

Fehlerstraße

zu ziehen

Nomen est omen

Ich fragte nach Dir

das Telefonat

wurde pflichtgemäß

beantwortet

beendet noch

im Acht-Minuten-Takt

So vieles

hätte ich gern noch gewusst

Dieses Gefühl der Erwartung

beim Öffnen

eines Briefes

der Wunsch

nach einem persönlichen Bezug.

Es blieb

bei der geschäftlichen Notiz.

Erst beim genauen Hinsehn

fällt das fehlende

Datum auf

Die gebotene Eile

in der Durchführung

wird wie immer erfolgreich

die Rückbeziehung

auf das Selbst

verhindern

Plötzlich
an der Kreuzung
die unerwartete Begegnung
die Hand gereicht
zum kurzen *Wie geht's*

Schon
sind wir zurückgeglitten
ins Übliche.

Maskengesichter

Deine Antwort *So làlà*
vielleicht noch ein Rest
der gewünschten Ehrlichkeit

Deine Eile
und auch meine
was verbergen sie?

Und manche

sind durchaus glücklich

in ihrer liebevoll

gezimmerten Gemütlichkeit

angefüllt mit so viel

schöner Überflüssigkeit

Und manche

sind schon für Stunden

erlöst und fühlen sich

frei an der Theke

im Gespräch übers Wetter

Und wieder manche

können's nicht fassen

nicht glauben dass

ein Toter tot

und zwei Menschen

zusammen einsam sind

Türe ins Nichts

Großplanerische Besuche
einschlägiger Stätten
alternativen Lebens
beflügeln seinen Lebensplan

Viel nettes Kleinerlei
als Ambiente

Vor die Umsetzung
als gut erkannter Ideen
schiebt sich permanent
die grob gerasterte Tapete

Auch die Diktionen
für die Familie
scheitern
am zu kleinen Fenster

Das
versperrt den Blick auf ein
wirklich Gesamtes

Für das Leben

lernen – vitae discimus

auch ohne Echo

existieren zu

können

Gutes tun – edel sei

der Mensch

ohne Dank

zu verlangen

non scholae

hilfreich und –

nicht reflektieren

gut

Kurze Zeit der Rausch

ein Hauch von Exotik

die Akteure traum

wandelnd wie in

existierenden Räumen

sehr viel Farbe und allerlei mehr

fach Geklapptes

junger Rasen im Februar

führt auf steilen Stufen

ins verhangene Licht

Bei jedem Geräusch

Dein erwartungsvolles

Aufhorchen: ist es

für mich

aber immer wieder

sind es

die anderen

und manchmal

fragst Du: wann

ist es vorbei

und wenn

es jetzt wäre

Einen Schutzschirm

um sich bauen

davor

das Positive

dahinter

der Rest der Welt

Mit siebzehn hat man noch

Mit zwanzig zwei

Selbstmorde

Versuchte

Träume

Begrabt sie

an der Gefühllosigkeit

hier

und überall

Der Strohhalm zerbrach

Der Baum stand an der falschen
     Stelle

Der Stadtzigeuner wird verachtet

Der tränenlose Schrei überhört

Der Schädelbasisbruch
     landet auf Nummer 4

Hier lag ein Mensch

Mit einem zu sprechen
der sagt: Ich habe
einen Menschen getötet
Diesem Wahnsinn
nicht entfliehen können

Hilflose Gesten ändern
nichts
in den wiederkehrenden
Alpträumen
des andern der sagt:
mein Leben wird nie mehr
wie vordem sein

Ich kann niemals vergessen

Ich habe getötet
und sie haben mir dafür
auf die Schulter geklopft

Ich werde es nie mehr los
das *Gesicht*
über das ich mich beugte

Es war mein Feind
so hatte ich es gelernt

Hier
lag
ein Mensch

Nenn es einen Schachzug

Nenn es ein Kinderspiel

Nenn es ein Lebensspiel

Spielen wir das Spiel

Hieroglyphen

Von uns selbst
noch nicht ganz
entziffert

Oft sind sie
Zeichen der Verständigung

Gemeinsames Sprechen

Unser Bemühn uns selbst
auf die Spur zu kommen

Im fallenden Regen
einfach
in die Entspannung
hineinlaufen

Die Nähe

einer Stimme

und sich

an Gesichtern

festhalten

um nicht

fragen zu

müssen

wann

Eben noch dieses Ergriffensein
die Tränen die unweigerlich
kommen das schnelle
Hinuntergleiten ins geöffnete
Grab

Die vielen Blumen Menschen
die Erde die Worte
und bald schon
nur noch ein Sehen
aber nicht mehr Erkennen

Diese Ferne

Unwirklicher Versuch
dich hier sein zu lassen
der Spaziergang das Photo

Unser Blick durchdringt nicht
Blumen Erde und Holz
plötzlich ist da ein
Nicht-Mehr-Angerührt-Sein

Unser Preis fürs Überleben

Schwarz weiß blau

habe ich vor mir

auf dem Tisch

sorgsam

übereinandergeschichtet

ob du es merkst

zuoberst das Blau

immer wieder

das Blau

Nicht Dein Haus

Nicht meines

Nicht müde werden
sondern dem Wunder
 leise
wie einem Vogel
 die Hand hinhalten.

Hilde Domin

Dein Abschied war leise
Du gingst
und wünschtest Dir
tausend Jahre Schlaf

O diese Wälder
und die starken Wurzeln
in uns

Dieser Nistzwang Erde

Seit Du beginnst zu leben
meine Annäherung an Dich
Tag für Tag

Die Fragen
die mich selbst betreffen
stelle ich Dir
warte
auf Deine Antwort

Vielleicht
gehen wir den Weg
eines Tages
gemeinsam

Traumland

Schmetterling Zeit

mit zarten

Flügelschlägen

die Kindheit

durcheilend

ach

unsere Träume

kehren stets zurück

sei es einen Tag lang

nur

Begreif doch

allein brauchst Du nicht

weniger

als zu zweit

oder

ist für einen allein

eine halbe Lampe

genug

ein halbes Messer

zum Schneiden von Brot

ein halbes Bett

ein halber Tisch

eine halbe Vase

für die Blumen

Begreif doch:

Ich will nicht

alleine

leben

Mein Herz zerrissen
zerrissen das Band
das uns eint

Mein Haus
Unser Haus
Nie mehr

Gestern
ein feiner
kaum sichtbarer Sprung

Immer hörte ich dabei
dieses Wort
Individuum
lauter noch das Wort
subjektiv

Hatte ich doch geglaubt
ein Baum würde auch
von Dir als eben dieser
und kein anderer
wahrgenommen

Eine Musik würde auch
von Dir
mit eben diesem Entzücken
gehört wie von mir

Der Schmerz ist unser
die Trauer und die Tränen
beim Fortgehen

Unser Wunsch
nie mehr verletzbar zu sein
nie mehr
die Eiseskälte
gestorbener Liebe zu spüren

Denn es ist nicht wahr
dass Erfrieren
ein sanfter Tod ist

Ich so zerbrechlich
wie immer
und nur ganz selten
merkt es einer

Dabei ist es nur
diese Trauer
dass wir so oft
nicht wissen
warum
wir hier sind

Schon Pläne

entworfen

für ein neues

Leben

soeben zurück

geworfen

ins Nachher

Wenn Du von mir gehst

wird mein Stern erlöschen

werden alle Brunnen schweigen

werden die Vögel vom Himmel fallen

werden mit einem Schlag

alle Bäume ihr Laub verlieren

werden die Linde der Flieder

der Jasmin und die Rose

nie mehr ihren Duft verströmen

werden alle Wege aufhören

begehbar zu sein

wird mein letzter Traum

Dir folgen

und niemals zurückkehren

Immer fort fort fort

den Gänsen Reihern

Kranichen nach

Tausend Jahre

dieser Ruf

komm

Wenn der Mond

über Wälder steigt

ruht er zugleich

Sie

aber ziehn

fraglos

Maßlos sein

nicht

das rechte

Maß haben

aber sich

verschwenden

diesen Augenblick nur

war es noch

möglich

Deinen Freunden schenktest Du
Gedichte zum Abschied.

Besser als Prosaworte
sollten sie Deine Gefühle
zum Ausdruck bringen

„wenn du an Sterben denkst
als stündest du auf
und gingest ganz leise,
ohne zu stören,
in ein anderes Zimmer
wo niemand wartet"

In Deinem Haus
im benachbarten Zimmer
wartete keiner.

„(Nur Gott
wäre pünktlich.)"

Einer war pünktlich.

Nun ist auch ein
leicht optimistisches Ende
für Dich denkbar

und du glaubst zuweilen daran

„dass man dich anders lieben kann

als im Vorübergehen"

Zitate aus den Gedichten „Asternfeld"
und „ Unterwegs " von Hilde Domin

Abgeschlossen

An alles hast Du gedacht
der Abschiedsbrief
verschenkt Dein Leben

Der Zufall holte Dich zurück
nicht sanft wie das Ende
ein schwerer Beginn

Deine Wiedergeburt
für uns Staunende
tröstlich

Kleine Schritte
wieder mühsam gehen lernen

Zurückkehren
ins äußerlich Abgesteckte
der Tagesplan
ist sorgsam ausgewogen

Wenn nur die Verletzungen
draußen bleiben wenn nur
das Verständnis echt ist
wenn wirklich einmal ich
gemeint bin

Dann kann ich gehen
auf Dich zu und hinaus
auch stets zurück
zu mir

Unser Gespräch

in geschriebenen Worten

Schon die Freude

beim Öffnen des Briefes

Lesen und wieder

lesen

die Zeilen

und das Schweigen

zwischen den Worten

das beschriebene Blatt

umwenden

bewahren und

nochmals an schön

geschwungenen Schriftzügen

sich festhalten

Gedanken fortschicken

zu wissen

sie kommen an

Im Buch
Deines Lebens
lässt Du mich blättern
von Seite zu Seite

In den Abendstunden
träume ich
von Wort zu Wort

Nebel umschließt
fester das Haus

Nur das Ticken
der Uhr
ist spürbar

Vivaldi c-Moll
und der Herbst

ein Reiher
gleitet zum See hinüber

die Sonne versteckt sich
in gelichteten Buchen

vergehen
damit Leben entsteht

Schneeflocken fallen

ins zweite

Klavierkonzert

von Rachmaninoff

eben

blühen erste Schlehen auf

Beginnender Tag
in meinem stillen Haus

Durchs Fensterkreuz
nehmen Bäume
langsam
Konturen an

Meine Gedanken
sind die einzigen
Geräusche –
Pendelschlag
meines Herzens
zu Dir

April

Die Kastanien knospen
die Tulpe treibt zwischen
Blättern ihre noch grüne
Blüte empor
im Buchenwald
breitet sich
Bärlauch als Teppich aus

Du bist fern
und doch ganz nah

Die Schafe weiden
Wind kraust den See
Forellen springen vor Übermut
die Sonne bricht ihren Glanz
auf dem Wasser
vor meinen Augen

Luft

bricht aus den Poren

des frühen Jahres

und wir spüren

Frieden

immer nur als Ahnung

Ruhe finden

nicht zählen die Zahl

und nicht wägen

das Maß

dem Unendlichen

etwas entleihen

Was Du liebst

Sonntagsmorgens
bei Sonne Bach
und bei Nebel
Vivaldi in Moll

Zum Einschlafen
ein Violinkonzert
von Mendelssohn

und Neruda
in seiner
eigenen Sprache

> Ebenso flößt die Welt durch
> ihre Schönheit eine Liebe ein,
> welche nicht die Materie
> zum Gegenstand haben kann.
> *Simone Weil*

Früh der Rauhreif.
Später die wärmende Sonne.

Schönheit.

Der Gottesbeweis durch die Liebe
sagt Simone Weil.

Du zuckst zurück
vor der Schönheit
vorerst noch.

Die Glieder bleischwer

dem Abflug der Gedanken

ein Hindernis

Täglich

dem Wachsen

zuschauen

Stündlich

die kleinste Veränderung

Rapslicht

wie hingestreut

in die aufbrechende

Landschaft

in uns

dieses wahnsinnig

schmerzende Gelb

Ein verbleibender
Rest Glut
vom Vortage
für die uns not
wendige Wärme

Ein Augenblick
Glücksempfinden
am Morgen
den Wiesenatem
belauschen

Zu spüren
wie es sein könnte
nachher

Seifenblasengedichte

I
Öffne Dein Fenster
puste die Seifenblasen
über den Uniplatz
laufe hinunter
und fange sie auf
spring um die Wette
mit den Kindern
kauf den Marktfrauen
alle Blumen ab
und streue sie
den Erstaunten
vor die Füße

Lache weine
denn Du lebst

II

Komm wir öffnen die Fenster
Du bläst schillernde
Seifenkugeln
hoch in die Lüfte
ich fange sie auf
trage behutsam
eine Welt aus Glanz

Wir laufen um die Wette
mit allen Kindern
auf dem Marktplatz
streuen ihnen den Duft
von Blumen aufs Haar
lachen weinen
leben

III

Wir schicken Dir

transparente Bilder

in Kugelform

vergängliches Glück

in den Lüften

unser Kinderlachen

wirst Du hören

bei der Ankunft

unserer seifenblasenen

Träume

IV

Abend
in meiner Zauberkugel
Haus Baum und See
und das ganze
leuchtende Abendrot

Auf und nieder schwebende
kurze Wirklichkeit

Ich schicke sie Dir

Schmetterlingsgleich

Ist unsere Zeit
uns zugemessen

Ein Farbenspiel
im Flügelschlag des Lichts

Ein Hauch Beständigkeit
im Abflug

Augenoffen träume ich

falle

behutsam

Ich sehe dort

im gebrochenen Stein

den Widerschein des

vollen Mondes

und die Möglichkeiten

unserer Poesie

Oh wir Schutzbedürftigen
wir halten uns fest
aneinander

Wir Verwundbaren
Wer war es denn der
uns aussetzte

Können wir nicht
einander Halt sein
unabdingbar
wie sonst nichts

Warum ich

warum Du von jenseits

der Todesgrenze

Wer baute die Brücke

über den Fluss

Die Wolke verbirgt

das Licht

und lässt die Erde

erstarren

Die Kälte

lässt uns erzittern

Ich halte Dich fest

wie Du mich

Du. Ermüdet. Das
Schöne schmerzt
mehr
als das Gewöhnliche.

Die Poesie.
Am Rande des Couverts
steht der Leuchtturm.

Einmal das Meer
als Absender.

Die Bläue
für den Flug
der Wolken
des Kranichs.

Ein anderes Mal Mohn
lose Blätter nur
heute zum Beispiel.

Der Sommer.
Eine Heuwiese am Weg.
Ihr Duft.
Und doch ist es schwierig.
Sagst Du.

Stromauf

den schweren Schleppkähnen

folgt meine Sehnsucht

den Möwen schicke ich

himmelwärts

meine Gedanken mit

Zeitlos

Dem Fluss
beim Fließen
zugeschaut

Deine Gegenwart
so nah

Noch kannst Du alles

zählen

in Wochen und in Monaten schon

erstaunt schaust Du Dir zu

wie Du eintauchst

ins Alltägliche

ohne sichtbares Zeichen

Ein halbes Jahr

junges Leben

Dein neues Leben

Die Ruhe

das großmütige Schweigen

sind Dir verloren

Heute – sagst Du

höre ich Flötenmusik

Nun

gehen unsere Uhren

synchron

Es ist wahr
das Gehirn
ist ein Speicher
auf Abruf

Nur manchmal
die kleinen Pannen

Bücherregale

wachsen aus den Wänden

wie Vampire

So viel Leben

schreie ich

Dahinter

verbirgt sich

der Tod

Ich schreibe auf
ein weißes Blatt
„Traumkorrespondenz"

Wirklichkeit
übertrifft manchmal
den Traum.

„Traumkorrespondenz": Titel eines Gedichts von Rainer Malkowski

Bild vom Bild

zweimal Du
Zwilling

Lächelnd trittst Du
über den Rand
die Tasche geschultert

Avila
Teresas Stadt
liegt hinter Dir

Nichts
soll Dich ängstigen

Du gleichst ihr
ohne es zu wissen

Nenn Du es Zufall
ich nenne es
Gott

Unbegreiflich
bleibt es uns

Ein uns Zufallendes
ist dieses Leben
das Glück und
die Trauer und
das Leid

Bringt uns der Zufall
zu Fall oder
nehmen wir ihn an

Dies ist das Maß
unserer Freiheit

Aus einem Griechisch-Lexikon

Mein Sohn lernt griechisch
sucht bereitwillig
zum besseren Verständnis
für mich Worte:
Schicksal
Notwendigkeit
Verhängnis
Naturgesetz Zwang
Gewalt Not Bedrängnis
Verwandtschaft

So viele Bedeutungen
für ein einziges Wort

Ein zweites:
Nichtigkeit Vergeblichkeit
Beraubtheit Öde
Menschenleere

Dahinein begab sich
unterwarf sich
ein Gott

Ein neues Angebot

an uns

sagt Dorothee Sölle

Und bei Ernesto

Cardenal lese ich:

So

ist alle gegenseitige Liebe

ein Stück Gott.

Immer wilder
strömt der Bach
mit den Schmelzwassern
zu Tal

Frühling Sommer Herbst
verschneites zaubrisches Land

In mir
die sanfte Kontur

Schnee vor der Tür

und ein Buch

von dem du erstaunt

feststellst es ist

kein vergessenes

und dann

sehr viel Wärme

für die mit Traum

angefüllten

Abende

Eisschollen

treiben am Himmel

umschiffen den Mond

gläsern

werfen zärtliche Schatten

auf dunkles Land

und die Wolken

durchsegeln

schwarze Ozeane

sehnsuchtsbeladen

Sonne dringt unter
die Haut
ich schließe die Augen
denke an Dich
Du bist da
wartest ohne Frage

In der Stille
spreche ich mit Dir
betrachte Menschen
in ihrem Glück

Schweigen
zwischen den Entfernungen
ist nicht stumm

Konjugieren

Ich warte
Ich werde warten

Du bist da
Du wirst da sein

Ich war allein
Du warst allein

Wir haben uns gefunden

Wir gehen den Weg
Wir werden ihn gemeinsam gehen

Bis ans Ende
werden wir unseren Weg
gemeinsam gegangen sein

Koffer halbleer

Am Abend
bereitgestellt
tagsüber
zwischen Alltägliches
sorgsam
meine Gedanken
gelegt
meine Musik
in Frühlingsblumen
meine Worte
in Wolken gehüllt

Viel Platz
für meine Freude
mein Vertrauen
das mitfährt
Dir entgegen

Unsere Handbewegung

ach könnte sie
magisch sein

Immer ein zu schwaches Wort
ein zu leises
ein gar nicht
ausgesprochenes
an der Schwelle
des Abschiednehmens

Bahnhöfe

Durchgangsstationen
auf unseren Wegen

Immer sind sie ein
Fremdes
nie ein Teil von uns

Nicht Dein Haus
nicht meines
von dem es gelte
ein Bild zu bewahren

Ring an meiner Hand

Rubin an meinem

Finger

das Gold hauchdünn

geschliffen

von den Läufen der Zeit

scharf wie ein Messer

wie der Schmerz

in den Herzen

von Hand gewechselt

zu Hand

Schwarzer Stein in meiner Hand

ruhst aus

nimmst an die Wärme

atmest wie Haut

glatte und rauhe

Seite

meines Lebens

Lass uns zu den Fiestas gehen

lass uns essen und singen

tanzen und beten

Heilige sind fröhliche Menschen.

Sie wissen dass das Leben stärker ist

als der Tod

und wollen es uns sagen

aber ihre Stimme

können nur Kinder verstehen.

Seht doch sagen sie

aus der vom Sturm gefällten Weide

wachsen Zweige

zu neuen starken Bäumen heran.

Oh ich närrischer Narr

schrieb einmal Heinrich Heine

an seinen Freund Sethe

Kindlein *glauben*.

Terminus technicus

So hast Du die Kraft genannt
die Dir hilft Dich nicht
wichtig zu nehmen und folglich
alle Kümmernisse zu relativieren

Die Idee einer Million von Jahren

Mir hast Du den Stein geschenkt
350 Millionen Jahre alt

Und ich gebe Dir als Pfand
meinen Glauben an Gott
an einen Sinn in allem
was uns geschieht

Mein Vertrauen dass Gott
unsere Wege kennt und
dass der Plan hinter allem gut sei
und wir geborgen sind
auch im äußersten Alleinsein
wie der der uns den Weg voranging
auch ohne zu wissen ohne Beweis
und der auferweckt wurde

Und die Zuversicht in den Geist

der dieserzeit uns

wieder gesandt wurde

auf dass die Liebe

das Feuer in uns entzünde

und wir die Sprache

jedes einzelnen verstünden

wie damals

heute

Und sich das Angesicht der Erde

erneuern könne

durch uns

Wie Deine Hand
über den Stein
streicht
den festgefügten
im romanischen Rund

Wie Du den Kiesel
dort im Feld
aufhebst
ihn hältst
und betrachtest

Wie Du den Fels
zärtlich streifst
den zerklüfteten

Als gelte es
alle Zerstörung
aufzuhalten

Mit Dir möchte ich sprechen
über diesen Mann Jesus
den Du verrückt genannt hast
zwischen der Tür
kurz vor dem Schließen

Sie tat mir weh
Deine Bemerkung
hatte ich erst kurz zuvor erkannt
dass Du an Gott nicht glaubst
und diesen Jesus also
nicht ernst nehmen kannst

Sicher hast auch Du
vor Jahren im Unterricht
einiges über ihn gelernt
eine blutleere Lehre
muss es gewesen sein

Später erkenne ich es auch
an dem Photo das Dich zeigt
als schwarz gekleidete Konfirmandin
unfroh und mir sehr fremd

Ich möchte mit Dir sprechen
über diesen Mann Jesus

den Verrückten

ein solcher wäre er sicher

auch in den Augen

der heutigen Normalen

Doch findest Du nicht

eigentlich sympathisch sind nur sie

die ihrer inneren Wahrheit leben

und ihr folgen wider alle Vernunft

allen gesunden Menschenverstand

die sich verraten lassen

und dennoch glauben an ihr Ziel

die schweigen

zu ungerechten Beschuldigungen

die auch noch die linke Wange hinhalten

und aushalten vor allem die Einsamkeit

Vielleicht wenn wir lange genug

gesprochen haben über ihn

wenn wir schon ein wenig

so werden wie er war

wenn die anderen uns

mit seltsamen Blicken anschaun

wird plötzlich

der ganz unbegreifliche Gott

der uns so allein lässt

der uns wie auch damals ihm

nicht seine Heerscharen Engel schickt

menschlich und annehmbar

Weil dieser Mann Jesus

sich für uns ihm

und der Leere

und dem Nichts

und der ausbleibenden Antwort

auf unser aller Verlassenheit

ausgeliefert hat

Ich zähle die Minuten

rückwärts

Jetzt

bist Du angekommen

Du lässt mir

Dein Leben

in Deinem Blick

Und die Zärtlichkeit

rauen Gesteins

zwischen

den Fingern

Die Tage werden nun
schon deutlich länger
und kürzer
unsere Schatten

Die Sonne wärmt
bereits

Nah der Erde

Jener Kern der Ruhe
ist schon in dir
geweitet das Herz
von erlebtem Schmerz

Im Zentrum der Kugel
erlischt die Zeit
stehen still die Gedanken
dauert die Liebe

Manchmal

wenn wir zu sehr

gleich sind

gleich stark

oder gleich schwach

müssen wir

uns aus dem Weg

gehn

Irgendwo

der Satz

„seit ich sie kenne

hänge ich mehr

am Leben"

Irgendwann einmal

las ich ihn

glaubte

ich wäre

gemeint

Ich sehe die Schlusslichter

des Zuges

und schaue in die Schwärze

des Tages

Die Gleise führen

wie immer fernwärts

Der Zug ist abgefahren

Schneiden sich

Parallelen

im Unendlichen

diese Frage stellt sich

jedem Liebenden neu

Als du mir noch Bilder schenktest

von Landschaften

die du liebst

Als ich noch aus diesen

deine Freude über schaumgekrönte

Meereswellen und Dünengras

und deine Rührung über ein paar Gänse

in morgendämmriger Flusslandschaft

wie selbsterlebt

herauslesen konnte

Damals

waren wir noch nicht getrennt

Später einmal warfst du

als ich dich nach deinen Ferien fragte

ein gekauftes Buch auf den Tisch

und ich bemühte mich

dich darin zu finden

Doch

niemals reicht an den perfekten Bildband

die Melancholie der verwelkten Nelken

auf einer Holzkonsole

die du fotografiertest

in einer kleinen Kirche in einem Land

das ich damals

noch nicht kannte

Kleine Dinge

Bei all meiner Traurigkeit
dass ich so wenig weiß von dir
vergesse ich ganz die kleinen Dinge
die doch die zärtliche Sprache sprechen
die ich so gerne hörte

Ein weißblauer Elefant und
ein kupfernes Pferd
das Lesezeichen mit einer Wiese
wie von van Gogh
obwohl es von einem anderen Maler war
und ein Windstoß mir
das Zeichen entriss

Auch was ich dabei gerade las
habe ich vergessen
weil du nicht mehr danach fragst
und mir dennoch weiter
kleine Dinge schenkst
die mein trauriges Herz
für einige Zeit erwärmen
und ich die Frage nicht stelle
Warum

Von immer zu immer

schiffen wir

uns ein

trägt uns

sicheln

der Mond

An der Brücke

über den vereisten Fluss

vergaßen wir den Abschied

Er lief uns davon

leichtfüßig

wie der Bach

über die Kiesel

sprang

Nicht nachtragen
das Wort
das befremdende

Lauschen
dem Vertrauten

Am entlegenen Ort
bewahrst du sie auf
die gemeinsame Sprache

Oder warst du nur du
und ich nur ich
und sprechen wir
zwei verschiedene Sprachen

Wenn du die Worte

sorgsam wählst

und verbesserst

das was uns hält

und durchzieht

wie ein Metall

das dem Magneten folgt

weil die Nacht

lang schon anhält

und wir wie Blinde

den Weg ertasten

wird die hauchdünne Wand

zwischen den Räumen

dort und hier

hier und dort

blau wie der Äther

durch den ich hindurch

greife

ohne mich zu verletzen

Zwischen Pappdeckeln

das Gespräch

auf das ich warte

Papierseiten

die nicht antworten

können

Ich aber suche

noch immer

das lebendige Wort

Und du kommst an

und der Tisch ist gedeckt

und du wirst begrüßt

und du setzt dich dazu

und du teilst

und empfängst

und du schmeckst die Liebe

und du trinkst von der Freundschaft

und alles wird leicht

Und du verschenkst ein Lächeln

und du spürst deinen Herzschlag

und ihr schaut euch an

und ihr versteht

Und der Geschmack der Zubereitung

und der Geschmack der Kelterung

bleiben auf deiner Zunge

bleiben in deinem Herzen

bleiben

Chambre d'amis

Schön dieses Wort
für unser deutsches
Gästezimmer

Wo Gäste Freunde sind
in einem gastlichen Haus
und Freunde
Gast sein dürfen

Mehr
brauchte es nicht
zum Frieden

Eine fremde Frucht
gabst du mir
zu kosten
ihr wildherber Geschmack
begleitet mich

Das sattgrüne Blatt
hat den Tau
gespeichert

Morgen
wird es ihn
brauchen
bei Tag

Unvermutete Ankunft

Wie sich das Tor öffnet

und du eintreten kannst

ohne Frage

und die Mahlzeit

geteilt wird

und die Dezembersonne

mitten ins Herz scheint

und wir sprechen können

als gäbe es keinen Abschied

und

Untauglicher Versuch

Soviel Glück

an einem einzigen Tag

es festhalten

zu wollen

gliche dem Versuch

das unbändige Meer

an einer Boje

zu fesseln

Draußen taut es

und mein Herz

möchte

wieder einmal

deine Zustimmung

spüren

das sichere Gefühl

es ist gut

so

Lebendige Fülle

von Blumen

damit die Leere

im Raum

sich anfüllt

damit dein Fehlen

sich verringert

ein wenig

nur

Ich möchte leicht sein

können

einer Schneeflocke gleich

die nichts will

die fällt

und sich niederlegt

die uns erfreut

in ihrem Glanz

und schmilzt

ohne Rest

ohne Anspruch

Februar

Dort die geschuppten Ziegel
der Affenbrotbaum blüht
im Vorübergehn immer noch
der Duft der Hyazinthe
Reste von Eis auf dem See

Sonne wie um zu sagen Leben
legt sich auf dieses Blatt Papier
wärmt hellt auf
jetzt
am Rand der stürzenden Wolke

Hiersein

im Schatten der Zweige

der Bäume Versprechen

nimmst du als Bares

speicherst Verschwendung

für Anfänge

irgendwo

Hier und da
Knospen
reinen Lichts

Ein Blau
wie von jenseits

Du hältst es kaum
länger als dein Blick
es erfasst
und schon der Wind
das Blütenblatt
davonträgt

Gestern noch
war die Luft voll Frühling
die Grashalme richteten kühn
sich auf unter dem Tritt

Heute liegt
sanftes Weiß
über den Weiden

Der Aufbruch von gestern
ist bewahrt in mir

Erinnern
dieses Geschenk an uns

Hörst du nicht

den Schrei

der gebrochenen Bäume

Ihre splitternden Stämme

schreien

warum

Krokuslicht
im noch jungen Jahr
kündest schon früh
von der Freude
des Sommers

Weißer Magnolienschatten

trägt unsere Worte

in die Ferne

des Lichts

Hauchzart

der Mohn

schon

abgas/immun

Meine Wildlingswiese

in der Hahnenfuß nicht

Unkraut heißt

wo üppig die Schafgarbe

und der Ehrenpreis blühen

die Hundsblume und wilde Kamille

dem Schmetterling

Start- und Landeplatz sind

Der Pestwurz säumt

das Ufer des fröhlichen Bachs

Knäuelgras und Klee

Sauerampfer und wolliges Honiggras

locken

Bienen Falter und die lustige

Feldheuschrecke

zum Morgensonnentanz

Wegwarte

unscheinbar

es trauern

die verlassenen

Wege

Rose

im Klammergriff

der Dornen

das macht

die Tiefe

ihres Leuchtens

Der Sommer

leiht uns

seinen Weg

auf dem wir

unsere Spur

ziehen

für die kalten Tage

Sonnenblumen

Wir wollen spielen
mit den Samtaugen
der Blumen

Im Zeitlupentempo
blättert der Wald

Ein verlorenes Blatt
sinkt auf den Teppich
Bachscher Musik

Herbstlied

Wind schüttelt
die Bäume kahl
Buntblätter wehen
von außen herein
auf meinen Tisch
der ist
ein Glasteppich
für die Füße der Wörter

November

Ich trinke
Fingerhüte voll Nebel
wollweiß
sind die Wiesen am Bach
Choräle stürzen
aus den Blumen
im Gewölbe
noch ist nicht
die längste Nacht

Winterrose

Letzte

aus meinem Garten

nimm sie

ins Haus

ihre Blütenblätter

frieren schon

und du

freust dich

an ihrem schüchternen

Atem

einen Tag noch

vielleicht

Die Wege

nicht scheuen

die langen

voller Beschwernis

wenn Eis

das Wasser

gefangen hält

aber auch Schutz gibt

dem Leben

darunter

Meine Worte
startbereit
nesteln sich fest
kommen nicht los

Sie spähen
suchen
immerfort
nach Landeplätzen

Diese Einladung
wollen sie hören
Komm Wort
und bleib

Angekommen

Einmal wollte ich wohl

nur sein

ohne carte d'identité

ohne Geld

und andere Beweise

meiner allseits geschätzten

Tüchtigkeit

nur mit Auge Nase

Mund und Händen

Hirn und

Herz

Träumerin in die Weiten

die nicht endenden

Tatarin

Spross von Bojaren

deine Träume

sind nicht aufzuhalten

wollen fort fort

immer weiter

den Rössern nach

im fliegenden Galopp

nie nie ankommen

Allein

Du musst zählen
sagten sie
immer bis sechzig
sagten sie
dann ist eine Minute
vergangen

Es begann zu zählen
das Kind
zu zählen anstatt zu beten
wie viele Minuten
würden es sein
bis zu ihrer Rückkehr

Zwischen die Zahlen
zwischen die Tränen
mischte sich
gnädig der Schlaf

Kindheit

Im Maiwäldchen
fuhren wir
unsere Puppen
spazieren

Das Rauschen der Stadt
drang nicht
bis zu uns

Zwischen Jasmin
und Rotdorn
spielten wir Verstecken

Nichts ist mehr
wie es war

Wenn einer

herausfällt

aus der Freude

wie ein glimmender

Holzscheit

aus dem schönen Kamin

und darauf wartet

verlöschend

erkaltet

dass ihn jemand aufhebt

ihn hineinlegt

ins Feuer

das die Wärme gebiert

Da im Park

die unerwartete Begegnung

lange ist's her

seit wir uns sahen

du lachst mich an

als sei niemals Winter gewesen

Jetzt bleiben wir stehn

beieinander

Und ich sehe wieder

die Sonne

in deinen Augen

Von den Lichtern

der Stadt

eines bist du

unvergessen

unter den hohen

fernen

Das Lied der Nachtigall

nach einem Märchen von Oscar Wilde

Die Rosen

kauft man heute

im Geschäft

niemandes Herzblut

wird mehr gefordert

für die Liebe

Manchmal
hilft ein Wort
manchmal
Schweigen

Wörter

die geschützt werden

müssen

Frieden zum Beispiel

Liebe Gott Baum

und Mensch

wenn die Pforte sich nicht

vor uns verschließen soll

die enge

Den verwelkten Sommer
harke ich zusammen
ein grüner Fleck
beginnt zu atmen

Ich sammle Zweige
zum Entfachen des Feuers
sortiere Gedanken
und siebe sie
durchs Raster meiner Liebe

Du befreist
die Rechen vom Laub
jetzt täglich
damit das Wasser
fließen kann
zu uns
an uns vorbei
wenn der Vollmond
zum Neumond wechselt

Feldpostkarte anno 1916

Aus dem Feld

dem ungeliebten Kriege

ganz und gar nicht

vaterländisch gesinnt

schickt der Sohn Paul

seinen lieben Eltern

herzliche Weihnachtswünsche

wünscht nur eines heimzukehren

Linkisch die militärische Pose

kein Orden ziert

die schlotternde Uniform

Untauglich die Hand

ein Gewehr zu halten

die zu Hause den Taktstock

schwingt zur in Schellack

gebrannten Pathétique

Unvermutet fand ich sie

eines Tages in einem Schuhkarton

erfuhr ein bisschen mehr

über meinen Großvater

den ich nicht mehr

kennenlernen konnte

An einem blauen Sonntag
brach ihr Herz

Am Montag wuchs eine Blume
vor der geschlossenen Tür

Es war
alles
gesagt

Als dein Brief kam
zog bei uns Nebel
Schleppkähne hinter sich her
und in der Provence
reifte der Wein

Deine Tage wurden erhellt
vom Kinderlachen
der Enkel
und du schicktest mir
die Frage ob wir
am abendlichen Kaminfeuer
neue Antworten gefunden hätten
auf die grundlegende Frage
nach dem Sinn
unseres Daseins

Aber die waren dir schon gegeben
in den Gesichtern der Kleinen
die eure Stimmen erwarten
und den Sonnenschein
das Haus das Brot den Garten
und die Hühner am Morgen
mit ihrem Lachen
und jedem kleinen Schritt
den sie dem Tag anvertraun

Es gibt Tage

da werfen die Dinge

keine Schatten

da fliegen die Vögel

ohne Flügelschlag

da glitzern Tautropfen

als seien sie von Dauer

da werden wir durchsichtig

und sehen bis zum Grund

An diesen Tagen

geht die Gleichung auf

ohne unser Zutun

Wir sind ganz still

und vergessen beinahe

das Atmen

und finden uns

in den Zwischenräumen

der Zeit

Caminha I

Der Weg ein Weg
unser Weg
wir fragten nicht
setzten Fuß vor Fuß
und fanden
die Richtung im Gehn

Eines Tages
treffen wir uns
wann
irgendwann
bestimmt
in Caminha
am Grenzfluss
zum anderen Land

Caminha II

Schau
dies ist unser Weg
er führt bergan
steinig und steil

Doch das Tor
ist offen und weit
auch wenn wir nicht sehn
was dahinter kommt

Nur das Blau
lädt uns ein
zum mutigen Schritt

Dieselbe Landschaft

ruhend

es war vor Jahr und Tag

nur wir

verändert

An einem Tag

wie zu schönster Zeit

in Rom zum Beispiel

es kann auch

Venedig sein

am Tisch neben mir

ein Lachen

wie deines

trägt mich davon

mit den Wasserkaskaden

Nur mit dem Herzen

siehst du

hinter dem Berg

dem schroffen

die Schönheit

nimmst den Duft

von Rosmarin Lavendel

und Thymian

als Geschenk

mit nach Haus

das Lächeln

das dich willkommen heißt

wenn du von ferne kommst

ohne Wunsch

außer dem einen

nach dem Brunnen

der nie versiegt

Der Berg

zypressenkahl

aber in den Gärten

den mit Worten

gehegten

wachsen sie stetig

uns zum Schutz

Bretagne

Wie der grausteinerne
Kirchturm wächst
aus dem Hortensienwald
amethystenbeglänzt
aus der Vergangenheit
ins Jetzt
so ragt Erinnerung
in graue Wolken
die die Inseln des Lichts
überschatten

Während die Fischer

ihre Ruten dem Fang

entgegenwerfen

löst sich etwas

vom Mondlicht

und fällt

in die Ferne

einst

verbundener Wörter

Vezelay

Wenn die Bewegung
zum Punkt wird
ruht in der Rotunde
das herabfallende Licht
wenn die Pforten
sich öffnen
ins schon immer Geahnte
wenn der durchscheinende Stein
dich einhüllt
im Klang ewiger Worte
kannst du ausruhn
kannst du bleiben
im Kreis
bist du angekommen
für immer

Chartreuse de la Verne

Mauern beben nicht
in den dunklen
maurischen Bergen
durch die
der Mistral fegt
und die alten Kastanien schüttelt

Ihr Ächzen
klingt schaurig
wenn der Sturm
um die Kanten der Feste
heult in der Einsamkeit

Und nur
das Mondlicht fällt
in die Schluchten
während sich
im geschlossenen Geviert
Stille formt

Ätna/Sizilien

Wenn zerstörender Feuerfluss
sich ergießt und nicht
des Menschen Maß es ist
ihm Einhalt zu bieten
hinterlässt er fruchtbare Erde

Kastanienwälder spenden Schatten
dem durstig durchlöcherten Gestein

Der Duft zu Säulen sich türmender
Bougainvilleen und Ginstermeere
zu Füßen des speienden Kegels
die Würze von Orangen und Feigenkakteen

Die Üppigkeit nach dem Tod

Die mehrfache Ernte
des süßen Weins
die Fruchtfülle
auf Feld und am Baum
lässt sie verweilen

Und wenn es doch einen
von ihnen trifft

so soll es sein

und wird genommen

wie zuvor

Und das Ende birgt schon

den neuen Beginn

In den Katakomben von Malta

Das weiße Herz
wurzeltief geborgen
abgerungen einst
dem nahen Sterben

Ein Wind hatte es entführt
zu ungewissem Ziel
während die Antwort
schon bereitlag
unter Tag

Der Verlust nur
eines Abbilds war es

Das Meer
gab die Muschel frei

Das Herz darf sterben
wenn die Taube
die Blüte
im Schnabel trägt

Nicht wie in Ägyptens Pyramiden
gipfelt hier

die heilige Geometrie
im Zenit der Sonne

Gebündelt
wurzelt die Muschel
um sich frei zu entfalten

Hinauf ins niemals
Endende

Samos

Als seien tausend Sonnen
ins Meer gestürzt
Rauch schwelt
von frisch verbrannter Erde
rotglühend
steigt die Asche
ans fahle Firmament

Wo Wälder brennen
hat sie bereits begonnen
die Apokalypse
und verkohlte
Tentakel
klagen uns an

Patmos

In die Höhle des Sehers
drängen die Scharen
als Schiffsladung
ausgespuckt
fürs kurze Abhaken
einer touristischen
Sehenswürdigkeit
Schon drängt am Eingang
die nächste Gruppe

Apocalypse now
aber keiner merkt es

Vergnügt klettern sie
an Bord lassen sich
sanft schaukeln
dem nächsten Ziel entgegen

Düsseldorf Königsallee

Es duftet so würzig
nach Herbst

Die bronzene Ballwerferin
hält ihren Ball

Tausend Astern
blühen um die Wette

Die Kastanien
entlassen ihre Blätter
erst zaghaft in den Wind

Das Lächeln
auf den Gesichtern
mancher Menschen
übertönt
die Geräusche der Stadt

Nah der Erde

ist der Himmel

größer

in der Welt

habt ihr Angst

Seewetterherbst

ohne Meer

aber das

seid getrost

ist immer da

mit diesem Horizont

mit dem Strich

hinter dem

es einfach weitergeht

Für Gabriele Wohmann

Gestern beim Lesen

eines Gedichts von Malkowski

tauchte

eine lang vergessene

Erinnerung auf

Einmal las ich sehr intensiv

in Huchels „Chausseen, Chausseen"

während ich in einem Auto saß

und Zeit-Nahes durchsann

und eine völlig irrationale

Begegnung erwartete

Ein Buch so klein
wie für Kinderhand gemacht

Dem Knaben geschenkt
für den Weg
für einen Anfang
von vielen
nach schwerem Verlust

Es wächst das Kind
wächst die Hand
wächst das Herz

Die Linie biegt
sich zum Kreis

Früh schon
widersagt sich ein Wissen
der Leidensfurcht

Es gibt Worte
zu groß
dass ein Ehrfurchtsvoller
sie in den Mund nähme
ohne Erbeben

Und vom Wunsch

hält er sich frei

denn es wird gegeben

zu seiner Zeit

wann immer

die Linie sich rundet

zum Kreis

Für Peter Härtling

Still war es
der Garten
Sprach als wären wir im Märchen
Die doch ausgehen
Wie in Kindertagen
Rolf Haufs

Weißt du die dicken Steine
im Wald waren doch
verzauberte Riesen
und beim Blaubeersuchen
vergaßen wir einmal die Zeit

Ich weiß noch wie
sich die Treppe unter
dem eilenden Fuß anfühlte
der Druck der Hand
gegen die Tür
die immer für mich
geöffnet war

Diese Fraglosigkeit
noch im Erinnern

Dass ein Weg
begehbar wird
entgegen
aller Mutmaßung

Es war nicht
der Weg zurück
sondern der Aufbruch
ins Unbekannte

Wir haben es vor uns
weil du den Mut hattest
auf deine Stimme zu hören
und auf meine
und die Zeit
uns eines Tages
recht geben wird

In memoriam unseres Freundes Otto B.

Malve vor unserem Haus

einst von dir geschenkt

aus deinem Garten

gabst du sie

Hier blüht sie fort

von Jahr zu Jahr

während du schon

in anderen Gärten weilst

Liebe wächst weiter

entfaltet

Knospe um Knospe

jedes Jahr neu

jedes Jahr mehr

Du kannst sie sehen

mit neuen Augen

So

wird der Abschied uns leichter

weil wir wissen

dass Liebe niemals vergeht

Unser Weg durch den Wald

Ilex gesäumt

du pflückst den Bärlauch

für ein Nachher

Wir gehen regennass

in die Gärten

lehmiger Erde

Noch ruht sie aus

Schon eine Ahnung

vom Blühen

in den nackten Zweigen

Du findest

den Baum von einst

die Äste gestützt

für die Frucht

eines zukünftigen Tags

Urkraft

Drei Buchstaben zu viel
das gesuchte Wort
als Zielangabe
als Hoffnung auf Wiederkehr

Manchmal ist der Schmerz zu groß
wenn stumm die Bücher
in hohen Regalen
die einzigen Begleiter
deiner Abende sind

Wenn die Menschen nach dir greifen
mit einem Recht auf Anspruch
und du nur ganz leise sagen kannst
ich bin so todmüde

aber sie dich nicht verstehen
in deiner leisen Stimme

Für Hilde Domin

Der Hoffnung Wege bauen

Rätsel Leben

und wir auf dem Weg

Zuhause ist

von wo man aufbricht

ins Unbekannte

Das Ganze kennen wir nicht

Das versprochene Land
(auf ein Bild von Jacob Pins)

Dicht gedrängt

die Bedrängten

getrieben

zum Rand

dem äußersten

Vor ihnen das Meer

unüberschreitbar

Ängstlich gleitet

der Blick zurück

über die Schulter

Ganz weit

horizontwärts

ein Stück Land

Vor ihnen das Meer

unüberschreitbar

Und kein Schiff

ist in Sicht

während unsere Augen

sie schon bedrängen

Die rettende Insel

so fern

Immer so fern

das versprochene

Land

Jacob Pins, jüdischer Maler und Holzschneider,
1917 in Höxter geboren, 1936 nach Palästina ausgewandert,
lebte in Jerusalem bis zu seinem Tod im Jahre 2005

Abel steh auf -
Variation auf das Gedicht von Hilde Domin

Abel steh auf
damit wir
dennoch sagen können
damit wir
auferstehen können
und wiederfinden die Gerechtigkeit

Bruder dessen
der starb
die Arme weit offen

Hier bin ich
für euch
schon immer
wie damals
als es begann

Der Rauch steigt
jahrtausendalt
und fällt
als Staub

Wir stürzen hinab
jeder von uns
die enge Stiege
des Todes

Abel steh auf

Du kannst es
weil Einer
es tat

Ein für allemal
für uns alle

Die Raketen steigen
hinauf
leer
und kehren zurück
ohne Botschaft

Das Feuer von Kain
kam herab
verbrannte die Menschen
versengte das Land

Nur das Feuer

der Liebe

hinterlässt keine Asche

löscht aus

allen Hass

Noch atmet es kaum

nur manchmal

wenn keiner hinschaut

wenn keiner wartet

wenn kaum einer

noch hofft

findet die Gnade

ihren Weg

Sie ist immer da

wie das Licht

das wir nicht sehen

wenn es Nacht ist

draußen

und drinnen

und wir

ein kleines Licht

entzünden

als Ersatz

Täglich müssen wir lernen

das Feuer zu sehen

das Feuer zu sein

Damit

Abel aufstehen kann

Mutter

Du gingst voraus
ohne Traurigkeit

du hieltest stand
bis zuletzt

verzehrt
bis die Flamme
erlosch

Als die Erde dich nicht
mehr band
lag Frieden
auf deinem Gesicht

Dieses Geschenk
das du uns gabst
als Vermächtnis

Habt keine Angst

Können wir das überhaupt
Gott lieben aus ganzem Herzen

Kann man das überhaupt anordnen
Zu glauben zu hoffen zu lieben

Wie machen wir das denn
Ihn lieben mit allen unseren Kräften

Vielleicht so
Alles Tun zum Gebet werden lassen

Wie der Bach
über Steine stürzt
strömt unser Leben
dahin dahin
um eines Tages
zu münden
im Ozean
der unendlichen
Liebe

Schauen

auf grünes Leben

ein Wunder

jedes Jahr

aufs Neue

Die Stimmigkeit

spüren

beim Anblick

einer Wolke

und dem Kirchturm

darunter

Rosenduft

im Takt der Zeit

du hörst das Ticken

der Uhr

und bist wunschlos

Es verträgt sich

gut

das Gelb

mit dem Blau

und dazwischen

die Flügel

Tournesols

Sonnenblumen
sie drehen ihre Köpfe
dem Licht entgegen

Lass uns
es ihnen gleichtun

Wie das ist

wenn die Bäume

sich färben

und du zwischen

zwei Wassern

gehen kannst

Zypressen stehen

wächtergleich

als ein Sturm aufzieht

der manchen Baum fällt

aber uns nicht

und unsere Hoffnung

nicht

Komm

wir öffnen das Fenster

und lassen die Sonne herein

den Duft des Meeres

und den Schrei der Möwen

um sie zu bewahren

für ein Nachher

Von den Lichtern

der Stadt

bin ich eines

unter dem

hohen Himmel

Das Meer

und das ganze

leuchtende Abendrot

in den Wellen

die dem Strand zueilen

als könnten sie

ankommen

Im Abendlicht

werden die Schatten

länger

und der Weg

wie neu

Vorbild Leben

Mit unserem Tun
dem Unvollendeten
etwas
hinzufügen

Furchen ziehen
für die Saat
für den Keim
für die Frucht
vor der Ernte

Täglich säen wir
neue Samen
für die Hoffnung

Die Zeit steht still

in diesem Glücksempfinden

am Morgen

wenn ich

den Wiesenatem

belausche

und sich Frieden

ins Herz senkt

Maßlos sein

sich verschwenden

wie der Baum

und die Quelle

Auch für uns

ist es möglich

Fülle der Rosen

und die Bank

unter ihnen

die zum Verweilen

einlädt

lass uns der Einladung

folgen

Loslassen

sich fallen lassen

in die Liebe

sein lassen

zulassen

Die Düne wandert
wohin sie getrieben wird

Auch wir sind nicht mehr
als Sandkörner im Wind

Wir suchten die Düne
fanden sie nicht

Keiner
konnte Auskunft geben

Vom Wind zerstoben war sie
überall nirgendhin

Traumfern

segeln die Vögel von Land

türkis schimmert unter ihnen

ihre mögliche Rast

Mit dem Ziel

im Blick

gleiten sie

sicher dahin

Wollweiß sind die Wiesen

am See

einen Glasteppich betreten

vorsichtig

meine Worte

Ausruhen wunschlos

unter goldgelbem Dach

sich lehnen glücklich

ans verwitterte Gestein

der Mauer die hält

und nicht fällt

gefügt aus Findestein

gemörtelt aus Erinnerung

Über die Mauer

trägt die Glocke

den Klang

dass alles gut ist

weil da immer

ein Platz ist

wo wir hingehören

Hoffnung

schöne Blume

du bist stärker

als der Tod

Reiher und ich

Auffliegen
zur nächsten
wurzelfesten
Rast

Am Morgen

hüllt Nebel

die Sonne ein

wie ein Versprechen

Im Vergehen

löst er es ein

Sich zurückdenken
an den Anfang
aller Tage

Unser Leben
ein Schmetterling

Wenn am Fuß des Felsens

einer wartet

gelingt der Aufstieg

dann kannst du

das Licht und

die Wärme speichern

für den Abstieg

Ach schön heute zum ersten Mal
der Blick in die Novemberbäume
im Nebel
ihre lichten Kronen
zum Greifen nah
schön ja die Eisenbahn
das Holzschiff die Puppen
als ihr noch Kinder wart

Das Ticken der Uhren
und Beethovens Sonaten
liegen unhörbar
auf dem Flügel
an dem du abends spielst
fast täglich
mit den Bäumen im Rücken

Dieses Bild
wie wir beisammen sitzen
von Büchern beschattet
vom leisen Ticken der Uhren
der Zeit
die nicht vergehen sollte
und Fortgehen
immer wieder
unvermeidlich macht

Warum
können wir nicht bleiben
es wäre zu schön
und du könntest
und müsstest nicht denken
Ich habe genug

Wo doch im Baum
schon die Knospen
warten

Niemals aufhören

zu träumen

von einem möglichen

Paradies

Inhaltsverzeichnis

Wenn ein immerwährender Regen auf das Land fällt

Wenn unsere Schritte nicht stockten

Zuoberst das Blau

Nicht Dein Haus - Nicht meines

Nah der Erde

Der Hoffnung Wege bauen

Gedichtbände von Ilka Scheidgen:

1981 Wenn ein immerwährender Regen auf das Land fällt, Bläschke Verlag

1991 Wenn unsere Schritte nicht stockten, Himmerod Drucke

1992 Zuoberst das Blau, Strasser Verlag

1996 Nicht Dein Haus, Nicht Meines, Himmerod Drucke

2000 Nah der Erde, Ferber Verlag

2014 Dem Unendlichen etwas entleihen, Bildgedichte Bernardus Verlag

2016 Der Hoffnung Wege bauen, Gedichte und Fotos, Verlag epubli

2016 Zu wissen dort drüben ist Land, Echter Verlag

2017 Wie lautlos der Vogel, Bildgedichte, BoD Verlag

2020 Was auch immer geschieht – Quoi qu'il arrive, Gedichte Deutsch/Französisch, Twentysix Verlag

Biographisches:

„Einig bin ich mit Ihnen in der Dennoch-Hoffnung" schrieb die Dichterin Hilde Domin 1991 zu den Gedichten von Ilka Scheidgen. Der Lyriker und Essayist Peter Rühmkorf meinte zu Scheidgens Gedichten: „Sie sind eine Meisterin der lyrischen Miniatur: lauter kleine gestochene Wahrnehmungen, die dann zielsicher in die Tiefe führen. Es sind auch markante Beispiele, wie man im methodisch eng gehaltenen Rahmen noch Moral wahren kann. Fast möchte ich sagen: leuchten lassen."

Diese Ausgabe vereint erstmals alle Gedichte aus den bisher erschienenen Gedichtbänden von Ilka Scheidgen.

Ilka Scheidgen, 1945 geboren, in Berlin aufgewachsen, hat sich mit einer Vielzahl an Publikationen als Schriftstellerin und Publizistin einen Namen gemacht. Sie schreibt Lyrik, Erzählungen, Romane, Essays und Autorenporträts. Besondere Beachtung fand ihr Buch „Hilde Domin – Dichterin des Dennoch", die einzige autorisierte Biografie über die deutsch-jüdische Dichterin. Auch über die Schriftstellerin Gabriele Wohmann hat Ilka Scheidgen die einzige autorisierte Biografie veröffentlicht.

2002 erhielt sie für ihr literarisches Schaffen den Kulturpreis des Kreises Euskirchen. Drei Jahrzehnte lebte Ilka Scheidgen mit ihrem Ehemann, dem Künstler Heinrich E. Scheidgen, und ihren drei Kindern auf Gut Neuwerk in der Eifel. Heute lebt Ilka Scheidgen in Halle an der Saale.

Als Publizistin ist Ilka Scheidgen mit Essays und Porträts für verschiedene Zeitungen und Zeitschriften tätig. Näheres über ihre Homepage: www.ilka-scheidgen.de

Kollegenstimmen zur Lyrik von Ilka Scheidgen:

Auch jetzt kann ich meine einfache, sichere Zustimmung wiederholen: Mir gefallen Ihre Gedichte. Muss denn jedes Wort symbolbeladen sein? Nein. Es kommt Ihren Gedichten zugute, dass Sie als Lyrikerin so sorgfältig mit dem Wort und den Wörtern umgehen. Das macht auch die Aussage der Gedichte glaubwürdig. - Hans Bender -

Es ist ernsthaft und ich mag es. Ausgezeichnet die Kürze, mit der Sie auskommen. Einig bin ich mit Ihnen in der Dennoch-Hoffnung. - Hilde Domin -

Sie sind eine Meisterin der lyrischen Miniatur: lauter kleine gestochene Wahrnehmungen, die dann zielsicher in die Tiefe führen. Es sind auch markante Beispiele, wie man im methodisch eng gehaltenen Rahmen noch Moral wahren kann. Fast möchte ich sagen: leuchten lassen. – Peter Rühmkorf –

Ihre Gedichte haben Sprache, Form, Rhythmus, Ich-Aussage, Beschreibung, Erzählung, Parlandoton: das läuft schön in den Vers. – Paul Konrad Kurz –

Es ist viel Empfindsamkeit da, die einen anrührt. – Rainer Malkowski –

In der Tat, Ihr Gedicht ist sehr aktuell und bewegend. – Frank Schirrmacher (zu dem Gedicht „Hier lag ein Mensch")

Sie haben interessante Sachen zu sagen. Es sind Gedichte darunter, in denen sich jemand offenbart, der das (nach wie vor kaum geleistete und also noch mit Recht einzufordernde) Programm des Humanismus aussteckt. Ich sehe/lese jemanden, der die menschlichste romantische Sehnsucht scharf empfindet und die Zustände klar, klar sieht. – Axel Dielmann

Ihre Lyrik beschränkt sich auf eine knappe, fast minimalistische Sprache und erzeugt damit eine Intensität, der man sich nicht entziehen kann. Sie trägt ihr Anliegen nicht vor sich her, sondern verlangt, dass man sich auf sie einlässt, ihr nachspürt und sie nachklingen lässt. Immer und immer wieder entdeckt man Neues beim Lesen der Gedichte, sie sind geprägt von Hoffnung und Liebe. Diese Aussagekraft in der knappen Form war es, was Ilka Scheidgen in den Augen der Jury als würdige Preisträgerin erscheinen ließ. – Begründung der Jury (Arnold Leifert, Jens Prüss, Urula Dieckmann) zur Verleihung des Kulturpreises 2002 des Kreises Euskirchen -

Schön, Ihre neuen Gedichte zu lesen; Ich muss mich nicht anstrengen, eine Beurteilung zu formulieren: Sie gefallen mir einfach, Ihre Gedichte. Und als Kollege bewundere ich den Reichtum Ihrer Erfahrungen oder Anregungen ebenso wie die leichte Kunst Ihrer lyrischen Sprache. - Hans Bender -

Wie lautlos, schwebend und dennoch so wirkungsmächtig ist Ilka Scheidgens Lyrik. Ihre Sicherheit, der Weltsprachlosigkeit ihre autonome Bildwelt entgegenzusetzen, in hauchdünnen lyrischen Gespinsten das Geflecht von Subjekt und Objekt einzufangen, das alles ist erstaunlich und hinterlässt tiefe Spuren. Es ist diese Selbstverständlichkeit, dieser sichere Umgang mit dem Zauber des Wortes, dass sie auf gewollte, übersteigerte Metaphern völlig verzichten kann. – Klaus Middendorf -

Pressestimmen zur Lyrik von Ilka Scheidgen

„Es handelt sich um eine Dichterin, die in den oberen Etagen der deutschen Dichtkunst zu Hause ist. - Ihre Poeme beschäftigen sich mit der Hoffnung, dass es Frieden unter den Menschen gibt und dass die verborgenen Schönheiten der Natur nicht eines Tages unwiederbringlich verlorengehen." - Kölner Stadt-Anzeiger -

„Artifizielle Schnörkelei ist der Lyrikerin fremd, und ihre Überzeugung, dass dem Menschen die persönliche Anstrengung nicht erspart bleibt, im Leben einen Sinn zu finden - und dass dieser Sinn sich nur im Zusammenleben mit anderen offenbart, trifft den Nerv der Zeit." - Darmstädter Kulturnachrichten –

„Das Lesen ihrer Gedichte gleicht einem Gang durch Leben und Tod, dazu durch die Jahreszeiten und damit einer Suche im Rätsel Leben." - Kölnische Rundschau -

Ihre Lyrik, die sich lautlos schwebend und dennoch intensiv präsentiert, macht den Leser im positiven Sinne betroffen, wenn er sich auf ihre autonome Bildwelt einlässt. In jedem der Gedichte schwingt die Freiheit des Traums mit, schimmert die Wahrheit durch die lyrischen Wendungen, ist Wärme zwischen den Zeilen spürbar. - Neues Rheinland, Juni 1991, Heike Armbrust -

Es gibt Gedichte, die aus dem geläufigen lyrischen Sprachdickicht herausführen, ohne auf ein Sprachskelett reduziert zu wirken, oder auch banal oder auch mit pastoraler Feierlichkeit daherzukommen. Gemeint sind jene einfachen Gedichte, die nichts weiter sein wollen als Fenster, die in das Innere eines Menschen blicken lassen. Stille wird spürbar. Der Sparsamkeit der Worte entspricht die reduzierte Natur. - Der Literat , Dezember 1998, Charlotte Christoff -

Es gibt Bücher, die auf so beglückende Weise ungemütlich sind, dass sie sich dem Kategorisieren entziehen. Dazu gehört "Dem Unendlichen etwas entleihen", die gerade veröffentlichten Bildgedichte von Ilka Scheidgen. Die Schriftstellerin hat Romane, Lyrik, Erzählungen, dazu Porträts über Kollegen verfasst. Scheidgens Biographie "Hilde Domin. Dichterin des Dennoch" ist mehrfach aufgelegt. Dieser Erfolg jedoch und die eindrückliche Zahl ihrer veröffentlichten Bücher – das ist etwas Endliches. Die Autorin hofft auf mehr. So streckt sie sich nicht weniger als ins Namenlose aus, ins Ewige, in die Kinderheimat, nach Gott. Ein gewaltiges Unterfangen. Denn die Gewalt, von der die Autorin sich Geborgenheit erhofft, redet sie nicht klein. Man kann sie, weiß sie, ohnehin nicht in etwas kasernieren, das heute fast nur noch als Projekt tituliert wird. Scheidgens Buch freilich ist kein Papier gewordenes organisatorisches Unterfangen. Sondern? Schön. – Theologie und Literatur, Dezember 2014, Georg Magirius –

© *Ilka Scheidgen*